# ORDONNANCE
# DU ROI,

## Concernant les Hôpitaux Militaires & ceux de Charité au compte de Sa Majesté.

*Du 1.er Janvier 1780.*

A PARIS,
DE L'IMPRIMERIE ROYALE.

M. DCCLXXX.

# TABLE.

ORDONNANCE

# ORDONNANCE DU ROI,

## *Concernant les Hôpitaux Militaires & ceux de Charité au compte de Sa Majesté.*

Du 1.er Janvier 1780.

## *DE PAR LE ROI.*

SA MAJESTÉ considérant l'importance dont est l'administration des Hôpitaux Militaires & de Charité qui sont à son compte, n'a pas borné son attention à se faire représenter les Ordonnances & Règlemens relatifs à cette partie de son service: Elle a fait approfondir par des Commissaires envoyés sur les lieux, les différens détails qu'embrasse l'exécution de ces Règlemens, & réunir aux résultats de

A

leurs recherches ce que l'expérience avoit procuré jusqu'ici de renseignemens utiles.

D'après l'examen du tout, Elle a reconnu la nécessité de rappeler le régime des Hôpitaux aux vrais principes d'uniformité & de régularité, en fixant des règles capables d'en bannir les variations & les abus; d'assurer la perpétuité de ces règles par la vigilance & les lumières d'une Administration qui, soumise au Secrétaire d'État de la guerre, s'occupera uniquement des détails & de l'ensemble de ce service; de mettre la plus exacte économie dans les dépenses & le plus grand jour dans la comptabilité; de substituer aux motifs trop ordinaires de cupidité, ceux du zèle animé par des récompenses honorables; d'associer enfin aux soins de la manutention, d'anciens bas Officiers & Soldats qui, ayant bien mérité de l'État, trouveront dans un repos actif, la satisfaction de contribuer à la conservation de leurs successeurs & de leurs émules dans la carrière de l'honneur & du patriotisme. C'est dans ces vues si dignes de l'humanité de Sa Majesté, qu'Elle a résolu de perfectionner l'ouvrage de ses Prédécesseurs, par les dispositions suivantes, & de les développer dans un Code particulier : en conséquence Elle a ordonné & ordonne ce qui suit:

## ARTICLE PREMIER.

SA MAJESTÉ établit & crée un Conseil d'Administration de ses Hôpitaux Militaires & de ceux de Charité qui sont à son compte, dont le Secrétaire d'État de la guerre sera le Chef, & dont chaque Membre sera tenu de se conformer exactement aux devoirs & fonctions qui lui sont propres, & qui sont énoncés dans le Code ſervant de développement & de ſupplément à la préſente Ordonnance.

2.

TOUTES les parties de cette Adminiſtration pouvant être efficacement ſurveillées & dirigées par ce Conſeil, en temps de paix & de guerre, les places précédemment établies de trois Médecins-inſpecteurs provinciaux, de huit Médecins & Chirurgiens-conſultans des camps & armées, de Chirurgien-inſpecteur & d'Apothicaire-major des ſuſdits camps & armées, ſeront ſupprimées, ainſi que les ſurvivances deſdites places qui auroient été accordées.

3.

CONSIDÉRANT que les trois amphithéâtres créés par le Règlement du 23 décembre 1775, dans les hôpitaux de Straſbourg, Metz & Lille, ſont des objets de dépenſes ſuperflues, l'Ordonnance du 1.er janvier 1747, ayant pourvu ſuffiſamment à l'inſtruction des Élèves: Conſidérant auſſi, que ces établiſſemens ne pouvoient procurer le nombre de ſujets inſtruits, néceſſaires au ſervice des Hôpitaux, même en temps de paix, & que le petit nombre d'Élèves privilégiés admis dans ces amphithéâtres, inſpiroit du découragement à ceux qui ne jouiſſoient pas du même avantage: Sa Majeſté ſupprime leſdits amphithéâtres; Elle veut qu'à l'avenir dans tous ſes Hôpitaux, le Médecin faſſe tous les ans un Cours de Médecine-pratique, le Chirurgien-major un Cours d'Anatomie & d'Opérations pendant l'hiver, & un Cours d'Oſtéologie & de Bandages pendant l'été, pour y former des Elèves. Les garçons Chirurgiens ſeront obligés d'y aſſiſter pour ſe former de plus en plus dans l'exercice de leur

Art. Veut pareillement Sa Majeſté que les Apothicaires-majors à ſon ſervice faſſent chaque année, dans la ſaiſon convenable, un Cours de Botanique ſous la direction du Médecin en chef.

4.

POUR ſuppléer à la ſuppreſſion de ces amphithéâtres, & former le nombre d'Officiers de ſanté dont les Hôpitaux ſédentaires & ceux des camps & armées ont beſoin tant en paix qu'en guerre, Sa Majeſté ordonne que dans chacun des Hôpitaux Militaires & de Charité à ſon compte, il ſoit établi un Médecin, un Chirurgien-major, un Apothicaire, ſurnuméraires, déjà inſtruits dans la pratique de leur art. Ces ſurnuméraires ne ſeront pas appointés, mais ils auront l'aſſurance d'obtenir des gratifications & les places qui viendront à vaquer dans leſdits Hôpitaux, dès qu'ils s'en ſeront rendus dignes par leur bonne conduite & par des preuves d'habileté. En temps de guerre, ces Médecins, Chirurgiens & Apothicaires ſurnuméraires feront le ſervice des camps & armées, ou remplaceront pour un temps dans les Hôpitaux ſédentaires, ceux des Médecins, Chirurgiens & Apothicaires en chef qui auront une autre deſtination.

5.

SA MAJESTÉ voulant que le zèle & les ſervices des Médecins & Chirurgiens-majors de ſes hôpitaux, camps & armées, ſoient honorablement récompenſés, Elle accorde une penſion de quatre cents livres à dix des Médecins titulaires & à dix des Chirurgiens-majors deſdits hôpitaux, qui s'en rendront dignes à l'avenir par des connoiſſances ſupérieures dans la pratique de leur art, & par des découvertes utiles à la conſervation de ſes Troupes. Elle entend que ces penſions ſoient conſignées dans des brevets où l'on fera mention de l'importance des ſervices rendus par leſdits Médecins & Chirurgiens-majors: Sa Majeſté leur laiſſant d'ailleurs l'eſpoir d'obtenir d'autres grâces, s'ils s'en rendent ſuſceptibles par la diſtinction de leurs travaux.

6.

SA MAJESTÉ ne voulant pas que l'exactitude & la fidélité des Apothicaires-majors de ſes hôpitaux & de ſes camps & armées puiſſent être ſuſpectées, entend qu'à l'avenir tous les Apothicaires-majors à ſon ſervice, ſoient brévetés avec appointemens, & que les garçons Chirurgiens, les garçons Apothicaires, les Infirmiers-majors & Infirmiers ordinaires ſoient à ſon compte.

7.

POUR oppoſer une barrière aux manœuvres inſidieuſes des Charlatans, des Empyriques & des prétendus hommes à ſecret, Sa Majeſté défend qu'aucun remède nouveau, interne ou externe, ſoit introduit dans ſes Hôpitaux, que préalablement le Secrétaire d'État de la guerre en ait fait reconnoître la nature & les propriétés par le Conſeil d'adminiſtration qui ſeul aura le droit d'en conſtater les bons & les mauvais effets par de prudens eſſais.

8.

LES inconvéniens qui ont réſulté de la ſuppreſſion des places de Contrôleurs dans les Hôpitaux militaires & de charité, déterminent Sa Majeſté à rétablir ces ſurveillans dans les fonctions qui les concernoient & qui sont détaillées dans le Code : Elle veut que désormais ces places soient données de préférence à des Militaires capables de les remplir fidèlement & avec utilité : ces Militaires sont les Maréchaux-des-logis, Sergens & Fourriers retirés du service, & autres bas Officiers & Soldats dont plusieurs ont des marques honorifiques : accoutumés par de longs services à exécuter & à faire exécuter les ordres de leurs Supérieurs, ils surveilleront avec plus d'exactitude la conduite des Infirmiers & autres Employés subalternes dont ils auront la police particulière.

Comme il existe un grand nombre de ces bas Officiers & Soldats dans les provinces du royaume, Sa Majesté enjoint aux Intendans de chaque généralité, de faire de promptes recherches sur le nombre, l'âge, les forces, la bonne conduite desdits bas Officiers & Soldats, & d'en adresser des états circonstanciés au Secrétaire d'État de la guerre. Elle est persuadée que ces Militaires lui donneront dans cette occasion de nouvelles preuves de leur zèle, & que la perspective de ces retraites honorables & avantageuses, en faisant renaître dans les uns le goût d'un service qui n'existoit plus, renforcera dans les autres celui du service actuel, afin de mériter un jour la même récompense.

9.

LA nécessité d'avoir de bons Infirmiers pour donner aux Soldats malades tous les secours dont ils ont besoin & seconder l'efficacité de ceux que leur administrent les Officiers de santé, a paru digne de l'attention particulière de Sa Majesté : s'étant fait rendre compte des abus qui règnent dans cette partie du ſervice de ſanté, Elle a été convaincue que cette même partie ſeroit toujours une des plus ſouffrantes, ſi l'on ne prenoit le plus tôt poſſible, le moyen de la rendre telle qu'elle doit être. D'après ces conſidérations, Elle défend qu'à l'avenir l'Entrepreneur ait la liberté du choix des Infirmiers : Elle entend que les Infirmiers-majors de ſes Hôpitaux ſoient choiſis dans le nombre des Maréchaux-des-logis, Sergens ou autres bas Officiers retirés du ſervice, & les Infirmiers ordinaires dans celui des Soldats munis de congés abſolus.

10.

Il ſera diſtribué chaque année dans tous les Hôpitaux militaires, & le jour de S.t Louis, une gratification de cinquante livres à celui des Infirmiers de chaque Hôpital, qui aura le mieux mérité le ſuffrage de ſes Chefs pendant le cours de l'année : cette gratification ſe donnera dans une aſſemblée compoſée du Commiſſaire des guerres chargé de la police, des Officiers de ſanté, & généralement de tous les Employés & Servans. Il ſera délivré un certificat de conduite exemplaire à celui qui aura mérité cette gratification, & ſi, comme on le préſume, pluſieurs Infirmiers y avoient des droits égaux, on les feroit tirer au ſort.

11.

En offrant un motif à l'émulation des Infirmiers, Sa Majeſté daigne en ajouter un autre à leur perſévérance dans le ſervice : Elle accordera une retraite à ceux des Infirmiers-majors & ordinaires qui auront ſervi pendant ſeize ans conſécutifs dans ſes Hôpitaux militaires.

12.

L'ADMINISTRATION des Eaux minérales concernant les Soldats malades ou blessés, étant une branche essentielle & distincte du service ordinaire de santé, Sa Majesté entend qu'à l'avenir cette Administration soit assujettie à des règles plus sages, à des formes mieux déterminées: Elle veut à ce sujet que l'on se conforme exactement à tout ce qui est prescrit dans le Code.

13.

JUSQU'ICI il a été envoyé sans scrupule dans les Hôpitaux, une multitude de Soldats qui n'avoient que des indispositions & blessures légères, telles par exemple que des lassitudes de voyages, des excoriations à la suite d'une longue marche, des contusions, des plaies superficielles, des fièvres éphémères & d'autres indispositions sans conséquence, auxquelles il eût été facile de remédier promptement & à peu de frais dans les chambrées & quartiers : comme ces traitemens multiplient sans nécessité le nombre des malades dans les Hôpitaux, qu'ils y occasionnent des dépenses considérables, que le grand nombre de Soldats simplement indisposés y prive les malades & blessés grièvement de l'avantage d'être couchés seuls ou plus commodément, & qu'il arrive souvent que de simples indispositions deviennent graves & mortelles par un séjour inutile dans les Hôpitaux; Sa Majesté veut que les Chirurgiens-majors des Régimens soient expressément chargés de traiter pour leur compte, dans les quartiers & chambrées & même sous la tente, toutes les indispositions & blessures mentionnées au présent article.

14.

Pour ſubvenir aux frais de ces traitemens & récompenſer le zèle que les Chirurgiens-majors apporteront dans ces cas particuliers, Sa Majeſté accorde à chacun d'eux la ſomme de cent cinquante livres par an, qui leur ſera payée de ſix mois en ſix mois par le Tréſorier général de la guerre, ſur les ordonnances des Intendans de chaque généralité, d'après les certificats des Conſeils d'adminiſtration & le *viſa* des Commiſſaires des guerres chargés de la police deſdits Corps.

15.

Défend Sa Majeſté aux Médecins & Chirurgiens-majors de ſes Hôpitaux, d'y recevoir les Soldats, Cavaliers ou Dragons, pour leſdites indiſpoſitions & bleſſures légères, à peine contre ceux des Officiers de ſanté qui contreviendront à cette défenſe, de ſupporter en entier ſur leurs appointemens, le montant des journées & autres dépenſes que ces ſortes de malades ou bleſſés auront occaſionnées dans les Hôpitaux.

16.

La même retenue aura lieu ſur les appointemens des Officiers de ſanté qui recevront à l'avenir les Soldats atteints de gale ſimple, qui doit être traitée par les Chirurgiens-majors des régimens, dans les infirmeries deſtinées à cet uſage. Les gales compliquées par leurs ſymptômes, ou compliquées avec d'autres maladies, étant les ſeules qui puiſſent être envoyées, reçues, traitées dans les Hôpitaux militaires & de charité au compte de Sa Majeſté,

Elle ordonne expreſſément que les malades dans ces cas, ſoient placés dans des ſalles particulières pour n'avoir aucune ſorte de communication avec les Soldats attaqués d'autres maladies : Elle veut auſſi que les fournitures deſtinées au traitement des galeux, ne ſoient jamais confondues avec celles employées à d'autres uſages, à peine d'une amende pécuniaire contre le délinquant.

17.

LE peu de ſuccès & les effets dangereux qui ont réſulté de la méthode de traiter les gales ſimples, autoriſée par l'Ordonnance du 26 février 1777, ont déterminé Sa Majeſté à ordonner qu'à l'avenir ces maladies ſoient traitées plus méthodiquement : Elle accorde pour cet objet à chaque Chirurgien-major de ſes régimens, la ſomme de deux cents cinquante livres par an, payable de ſix mois en ſix mois comme ci-deſſus, & ſous la condition expreſſe que leſdits Chirurgiens-majors ne pourront, dans aucuns cas, demander un ſupplément ou une gratification à raiſon des ſuſdits traitemens, leſquels ſont & demeureront entièrement à leur charge.

18.

DÉFEND expreſſément Sa Majeſté aux Chirurgiens-majors de ſes régimens, d'envoyer dans ſes hôpitaux les Soldats, Cavaliers ou Dragons incurables, ſous peine d'en répondre perſonnellement : Elle leur enjoint de conſtater d'une manière claire & préciſe tous les états d'incurabilité, par des certificats ſignés d'eux & viſés du Conſeil d'adminiſtration de chaque Corps : ces certificats ſeront remis aux Commiſſaires des guerres chargés de leur police, qui les feront parvenir ſans délai au Conſeil d'adminiſtration des hôpitaux.

## 19.

Les maladies chroniques exigent un arrangement particulier auſſi utile au ſoulagement des malades qu'aux finances de Sa Majeſté : la longueur de ces maladies, les ſentimens de triſteſſe & de crainte qu'elles inſpirent, leurs émanations funeſtes qui aggravent les maladies bénignes dans leurs principes, néceſſitent cet arrangement. Pour ne pas ſurcharger les hôpitaux militaires des malades de cette eſpèce & éloigner des autres une fréquentation dangereuſe, Sa Majeſté veut qu'à l'avenir tous les Soldats attaqués de maladies chroniques confirmées, ſoient envoyés à ſon compte & le plus tôt poſſible, dans les Hôpitaux bourgeois de leurs provinces reſpectives; qu'ils y ſoient reçus, traités & ſoignés d'après les principes d'humanité qui caractériſent ces établiſſemens: Elle accorde aux Adminiſtrateurs de ces Hôpitaux dix ſous en ſus de la ſolde de chaque Soldat, Cavalier & Dragon, pendant le ſéjour qu'ils y feront: cette augmentation & cette ſolde ſeront payées aux Adminiſtrateurs par le Tréſorier général de la guerre, ſur l'ordonnance des Intendans, d'après les états de journées certifiés par les Médecins & Chirurgiens deſdits hôpitaux & viſés par le Commiſſaire des guerres ou par le Subdélégué de chaque lieu, qui atteſtera l'exiſtence deſdits malades. Le Commiſſaire ou le Subdélégué ſera tenu de ſurveiller de temps à autre leſdits malades, afin de les faire rejoindre leurs Corps reſpectifs, ſelon l'uſage établi, dès qu'ils auront recouvré la ſanté & les forces.

20.

LES renſeignemens certains que l'on s'eſt procurés ſur le traitement des gonorrhées dans les infirmeries des régimens, prouvent 1.° Que les gonorrhées des Soldats ne ſont jamais ſimples, mais preſque toujours graves, compliquées, longues & rebelles.

2.° Que ſi quelques-unes de ces maladies paroiſſent s'annoncer ſous une forme bénigne, elles ne tardent pas à paroître telles qu'elles ſont en effet; c'eſt ce que des expériences multipliées confirment.

3.° Que pour guérir avec ſûreté les maladies de cette eſpèce, il faut en détruire le principe & y mettre le temps néceſſaire, ſans quoi la cure palliative ou trop précipitée donne une maladie bien plus grave encore.

L'inſuffiſance & les dangers du traitement preſcrit dans l'Ordonnance du 26 février 1777, ayant été généralement reconnus, & Sa Majeſté conſidérant que la première des économies dignes d'Elle, eſt la conſervation des hommes, Elle veut qu'à l'avenir toutes les eſpèces de maladies vénériennes ſoient méthodiquement traitées dans ſes Hôpitaux militaires, ou dans ceux deſtinés à cet uſage, mais toujours dans des ſalles ſéparées; ſe réſervant Sa Majeſté de prendre par la ſuite, pour le traitement deſdites maladies, les arrangemens & les moyens qu'Elle jugera néceſſaires.

21.

MAIS s'il eſt de la bonté de Sa Majeſté, de procurer à ſes Troupes tous les ſecours propres au rétabliſſement de leur ſanté, & ſi juſqu'ici ces ſecours ſe ſont libéralement étendus ſur les malades, les bleſſés & les vénériens, Elle a jugé qu'il étoit de ſa juſtice d'oppoſer un frein au libertinage de ſes Soldats: Elle voit avec douleur que les maladies vénériennes ſont multipliées à un point incroyable: Elle eſt informée qu'un grand nombre de Soldats guéris ſont à peine ſortis des hôpitaux, qu'ils y rentrent pour s'y faire traiter de nouveau, en alléguant pour excuſe qu'ils ont été manqués dans le traitement précédent, & ces déſordres ſe multiplient en raiſon de la facilité des ſecours.

Quelque bonnes que puiſſent être les différentes méthodes employées juſqu'à préſent pour leur guériſon, il eſt certain que ces traitemens multipliés rendent à la fin les moyens inefficaces & ſouvent même funeſtes; en ſuppoſant leur pleine efficacité, ces traitemens nombreux affoibliſſent les organes, minent le tempérament, & laiſſent après eux des infirmités graves, qui font paſſer ſucceſſivement les Soldats d'hôpitaux en hôpitaux où ils périſſent, après avoir été auſſi onéreux à leurs camarades & aux finances qu'inutiles au ſervice du Roi; ſi quelques-uns échappent au danger, on eſt obligé de leur donner un congé abſolu par l'impuiſſance où ils ſont d'être utiles.

Pour remédier, du moins en partie, à des déſordres ſi deſtructeurs, Sa Majeſté veut & ordonne qu'à l'avenir tout Soldat, Cavalier ou Dragon reconnu atteint pour la troiſième fois de maladies vénériennes quelconques, ſoit mis à la queue de ſa compagnie immédiatement après ſa guériſon, & ne puiſſe parvenir à la *haute-paye* pendant le temps qu'il devra encore ſervir pour arriver au terme de ſon engagement.

22.

Les ſages précautions priſes à ce ſujet & conſignées dans le Code, la ſurveillance exacte des Conſeils d'adminiſtration de chaque régiment, les fréquentes viſites des Chirurgiens-majors des Corps, qui ſe feront rigoureuſement de quinze en quinze jours, la fidélité des Médecins & des Chirurgiens des Hôpitaux, tout perſuade Sa Majeſté, que la juſte peine qu'Elle eſt forcée d'infliger, ne pourra engager les Soldats attaqués de maladies vénériennes, à les cacher dans l'eſpérance de ſe ſouſtraire à une loi qui ne laiſſe aucun eſpoir d'impunité.

23.

Pour éviter déſormais que les Soldats attaqués de maladies vénériennes ne portent cette contagion dans leurs provinces reſpectives, les Conſeils d'adminiſtration des régimens n'accorderont à l'avenir aucun congé particulier, aucun ſemeſtre ni congé abſolu, que les Soldats, Cavaliers ou Dragons, n'aient été ſcrupuleuſement viſités & reconnus exempts de maladies vénériennes par les Chirurgiens-majors des Corps, en préſence des Médecins & Chirurgiens-majors des Hôpitaux, par-tout où il y en aura d'établis dans les garniſons & quartiers deſtinés aux Troupes. S'il n'y a pas d'hôpital ſur les lieux, on aura recours aux Officiers de ſanté de l'hôpital le plus voiſin.

24.

Il eſt expreſſément enjoint aux ſuſdits Médecins & Chirurgiens-majors de faire un rapport exact de ces visites & reconnoissances, de le signer & de le remettre au greffe militaire des Commissaires chargés de la police des régimens, pour y avoir recours au besoin.

25.

VEUT & entend Sa Majesté que l'établissement du Conseil d'administration des hôpitaux & les suppressions jugées nécessaires, ainsi que les dispositions consignées dans les articles 1, 2, 3, 7, 12, 18, 20, 21, 22, 23 & 24 de la présente Ordonnance, aient force de loi du jour même de sa publication, conjointement avec les articles du Code qui concernent les devoirs & fonctions des Membres du Conseil d'administration des Hôpitaux, des Officiers de santé, ainsi que ceux des Commissaires ordonnateurs, Principaux & autres chargés de la police des Hôpitaux de son Royaume; comme aussi les Cours gratuits & publics d'instructions annuelles, la forme des billets d'entrée & de sortie, celle de la comptabilité, la tenue exacte des Registres & des états généraux & particuliers dont les modèles sont annexés au Code : Quant aux autres articles contenus tant dans la présente Ordonnance que dans le Code, Sa Majesté a jugé à propos d'en différer l'exécution jusqu'au 1.er Janvier 1781.

MANDE & ordonne Sa Majesté aux Officiers généraux ayant commandement sur ses Troupes, aux Gouverneurs & Lieutenans généraux de ses provinces, aux Gouverneurs & Commandans de ses villes & places, aux Commandans & Conseils d'administration de ses régimens, aux Intendans en sesdites provinces, aux Commissaires des guerres & à tous autres ses Officiers qu'il appartiendra, de tenir la main à l'exécution actuelle des articles désignés ci-dessus, ainsi que de ceux dont Sa Majesté a différé l'exécution au 1.er Janvier prochain : dérogeant Sa Majesté à tous Règlemens & Ordonnances qui y seroient contraires.

FAIT à Versailles le premier Janvier mil sept cent quatre-vingt. *Signé* LOUIS. *Et plus bas*, LE PRINCE DE MONTBAREY.

# CODE D'ADMINISTRATION
## *des Hôpitaux Militaires & de Charité, au compte* DU ROI.

Du 1.^er Janvier 1780.

## *DE PAR LE ROI.*

SA MAJESTÉ desirant établir le service des Hôpitaux sur une base immuable, a jugé devoir rassembler en un seul Corps, son Ordonnance du 1.^er Janvier 1780, & le présent Code qui en est le développement & le supplément: en conséquence, Elle ordonne ce qui suit:

### SECTION PREMIÈRE.
### *Du Conseil d'Administration.*

ARTICLE PREMIER.

LE Conseil d'administration des Hôpitaux, dont le Secrétaire d'État de la guerre est le Chef, sera composé d'un Commissaire-ordonnateur, Intendant des armées, & de deux Médecins, Inspecteurs généraux; chacun des Membres de ce Conseil se conformera aux devoirs & fonctions qui leur sont assignés dans ce Code.

2.

IL sera nommé un Commissaire des guerres & un Vérificateur des Pharmacies, tenus l'un & l'autre de se rendre partout où besoin sera, d'après les ordres du Conseil d'administration, à l'effet de faire les visites & reconnoissances jugées nécessaires au bien du service; ils seront encore tenus de se trouver aux assemblées du Conseil, toutes les fois qu'ils en seront requis pour y rendre un compte exact de leurs missions.

## SECTION II.

### *Du Commissaire-ordonnateur, Intendant des armées.*

Le Commissaire-ordonnateur, Intendant des armées, se concertera toutes les fois qu'il sera nécessaire avec chacun des Membres du Conseil.

Il entretiendra une correspondance suivie avec les Commissaires & les Subdélégués particulièrement chargés de la surveillance & de la police des Hôpitaux.

En cas d'insuffisance ou d'inexactitude de la part des Subdélégués, il en rendra compte au Conseil d'administration, qui s'adressera directement aux Intendans de chaque généralité, pour se procurer de leur part, tous les renseignemens dont il aura besoin pour l'ordre & la marche du service de santé.

Les objets de la correspondance de l'Intendant des armées seront, 1.° la police particulière & la comptabilité de chaque Hôpital. 2.° Les qualités & les quantités existantes de chaque espèce de fournitures. 3.° L'entretien, les réparations annuelles, ainsi que les extensions des bâtimens des Hôpitaux: dans les cas ci-dessus, il agira toujours d'après les délibérations du Conseil, & de concert avec les Intendans & les Commissaires-ordonnateurs des provinces du Royaume.

Les Commissaires-ordonnateurs & Principaux, de même que ceux chargés de la police des Hôpitaux militaires & de charité, au compte du Roi, lui rendront un compte fidèle de la police, des états de mouvemens & de comptabilités, & lui procureront tous les renseignemens qui pourront le mettre en état de ne rien laisser à desirer au Conseil.

Il fera passer les ordres du Conseil aux Commissaires à département, par la voie de leurs Ordonnateurs & Principaux, qui en donneront connoissance aux Intendans des provinces, Chefs de la haute-police des Hôpitaux de leurs généralités. Les Intendans à leur tour, enverront ces ordres à ceux de leurs Subdélégués, chargés de la police de quelques Hôpitaux; de cette manière, les ordres généralement connus en seront mieux & plus promptement exécutés.

Le Commissaire-ordonnateur, Intendant des armées, remettra par quartier de trois mois, l'état de mouvement des Hôpitaux militaires au Conseil d'administration, & par quartier de six mois l'état de mouvement des Hôpitaux de charité qui sont au compte du Roi.

Il tiendra des registres exacts qui renfermeront, 1.° les observations sur le zèle, l'intelligence & la bonne conduite des Commissaires chargés de la police des Hôpitaux, des Contrôleurs & Directeurs, afin de pouvoir désigner au besoin, ceux des Commissaires, Contrôleurs & Directeurs qui seront les meilleurs hospitaliers, les plus propres au service sédentaire des Hôpitaux & à celui des camps & armées. 2.° Il fera enregistrer par le Secrétaire du Conseil, toutes les décisions & les ordres dudit Conseil, relatifs aux parties dont il est chargé. 3.° Il tiendra pareillement un registre des états qui lui seront fournis par quartier de trois & de six mois. A la fin de l'année, il formera deux états généraux de ces états particuliers, dont l'un comprendra les Hôpitaux militaires & l'autre les Hôpitaux de charité au compte du Roi, & il remettra ces états au Conseil d'administration.

L'utilité de ces états est palpable, ils indiqueront, 1.° les

Hôpitaux militaires & de charité les plus avantageux ou les plus funestes aux Troupes. 2.° Ceux de ces établissemens qui sont les plus ou les moins onéreux aux finances de Sa Majesté. 3.° Ceux qui seront dans le cas d'être supprimés, ou qui demanderont une extension nécessaire. 4.° Ces états constateront d'une manière sommaire, la nature & les effets de chaque genre de maladie, l'augmentation ou la diminution progressive du nombre des malades, blessés & vénériens, guéris ou morts; de celui des journées que les Soldats, Cavaliers ou Dragons, auront donné l'un portant l'autre, à chaque Hôpital; le prix réel de chaque guérison par celui des journées individuelles; le montant des appointemens & gages des Officiers de santé & autres Employés servans; les quantités & qualités de chaque espèce de fournitures & d'approvisionnemens; on y verra d'un coup d'œil l'universalité des dépenses relatives à l'Administration générale & particulière des Hôpitaux du royaume: ces états seront des termes certains de comparaison entre le passé & le présent, & leurs résultats serviront de règles pour l'avenir.

## SECTION III.

### *Du Médecin-inspecteur-général, résidant près du Secrétaire d'État de la guerre.*

LES fonctions de cet Inspecteur général, seront, 1.° de rendre un compte direct au Secrétaire d'État de la guerre, de l'administration journalière de tous les Hôpitaux sédentaires du royaume ainsi que de ceux des camps & armées.

2.° De recevoir immmédiatement les ordres sur tous les objets qui ont rapport à ce service.

3.° De surveiller l'entière & parfaite exécution de ces ordres.

4.° De se concerter toutes les fois qu'il sera nécessaire, avec le Commissaire-ordonnateur-intendant, & le Médecin-inſpecteur-général des Hôpitaux, & de convoquer les aſſemblées du Conſeil.

5.° De faire ſigner toutes les délibérations priſes dans les aſſemblées par chacun des Membres du Conſeil.

6.° De correſpondre avec les Médecins & les Chirurgiens-majors des Hôpitaux & des Régimens, avec les Apothicaires en chef, les Contrôleurs, les Aumôniers, les Adminiſtrateurs & Entrepreneurs, tenus de lui rendre compte, chacun dans ſa partie qui le concerne, toutes les fois qu'ils en ſeront par lui requis.

7.° De tenir un regiſtre exact de tous les Soldats, Cavaliers ou Dragons décédés dans les Hôpitaux militaires & de charité, pour, à la requiſition des parens, faire délivrer copie des extraits mortuaires; c'eſt le moyen d'aſſurer la connoiſſance néceſſaire à l'ordre des ſucceſſions & au repos des familles des Soldats, Cavaliers ou Dragons décédés au ſervice du Roi, & de remédier aux inconvéniens qui pourroient réſulter de la perte des regiſtres des Aumôniers, ou des certificats mortuaires envoyés aux régimens.

Outre ce regiſtre, cet Inſpecteur général en tiendra ſix autres, concernant; 1.° les Médecins titulaires & ſurnuméraires. 2.° Les Chirurgiens-majors des Hôpitaux, leurs ſurnuméraires & premiers garçons. 3.° Les Chirurgiens-majors des Régimens. 4.° Les Apothicaires en chef, leurs ſurnuméraires & premiers garçons. 5.° Les Contrôleurs & Aumôniers. 6.° Les Adminiſtrateurs des Hôpitaux de charité & les Directeurs des Hôpitaux militaires.

Ces regiſtres deſtinés à renfermer les connoiſſances particulières qui ſeront les réſultats des inſpections & des obſervations relatives au bien du ſervice, éclaireront le Conſeil ſur le zèle ou la négligence, le mérite ou l'incapacité des principales perſonnes qui contribuent le plus eſſentiellement à la conſervation ou à la perte des Soldats dans les Hôpitaux.

Ces obſervations & annotations faites ſans partialité, déſigneront dns chaque Hôpital, ceux des Officiers de ſanté en chef ou ſurnuméraires, qui ſe conduiront le mieux, qui ſe rendront les plus dignes d'obtenir des emplois ſupérieurs ou les récompenſes honorables que Sa Majeſté deſtine à l'émulation, à la perſévérance, au zèle courageux, à l'importance des ſervices rendus, à l'utilité des découvertes.

La Juſtice diſtributive nommera aux emplois & décernera les récompenſes: elle exclura du ſervice militaire de ſanté, les prétentions ſans titre & les ſollicitations importunes, pour que le mérite ſeul jouiſſe de ſes droits.

## SECTION IV.

### *De l'Inſpecteur-général-médecin.*

L'Inſpecteur-général-médecin ſera le ſurveillant habituel du ſervice de ſanté : comme il lui eſt enjoint de veiller continuellement à l'exécution plénière de tout ce qui eſt réglé & ſtatué, tant dans l'Ordonnance de ce jour que dans ce Code, & qu'il doit lui-même exécuter les ordres du Conſeil d'adminiſtration, il doit être libre de tout autre ſoin, exempt de tout autre intérêt que celui du bien du ſervice, & conſommé par une longue expérience dans la partie des Hôpitaux.

Cet Inſpecteur-médecin ſera des tournées annuelles dans les différentes provinces du royaume, pour vérifier par lui-même & ſur les lieux, le bon ou le mauvais état du ſervice de ſanté.

Outre ces inſpections générales, il ſera encore tenu de ſe tranſporter ſans délai, par-tout où le Conſeil d'adminiſtration jugera ſa préſence néceſſaire & de lui rendre compte des objets de ſa miſſion.

Il tiendra une correſpondance ſuivie avec les Officiers de ſanté des Hôpitaux militaires & de charité, au compte du Roi, de même qu'avec les Chirurgiens-majors des régimens.

Chacun deſdits Officiers & leurs ſurnuméraires, rendront compte à cet Inſpecteur général & lui donneront dans toutes les circonſtances les renſeignemens particuliers, concernant le ſervice de ſanté dont il doit rendre compte au Conſeil d'adminiſtration. Il lui remettra auſſi de trois en trois mois & de ſix en ſix mois, des états exacts des malades, des bleſſés, des vénériens, & des convaleſcens, traités, guéris ou morts dans les Hôpitaux militaires ou de charité, au compte du Roi: il y déſignera la nature & le caractère propre des différentes maladies; le traitement ſuivi de la guériſon, de la mort, ou du changement en une autre maladie: ces renſeignemens lui donneront la facilité de juger la bonne ou la mauvaiſe pratique des Officiers de ſanté, & de ſavoir poſitivement quels ſont les Garniſons & les Hôpitaux du royaume les plus ou les moins funeſtes aux Troupes, ſoit par des maladies *locales*, ſoit par des *Endémies* ou des *Épidémies* familières.

L'Inſpecteur-médecin aura des regiſtres dans leſquels il conſignera, 1.° les réſultats de ſes tournées & inſpections, en obſervant de ſe concerter toujours avec les Intendans de chaque généralité, les Commiſſaires des guerres-ordonnateurs ou Principaux, & même avec les Subdélégués chargés de la police des Hôpitaux. 2.° Les obſervations, les mémoires, les découvertes & les procès-verbaux concernant le ſervice de ſanté. 3.° l'âge, la conduite, l'utilité des ſervices des Médecins, Chirurgiens-majors, Apothicaires en chef, ainſi que de leurs ſurnuméraires & garçons; il y conſignera auſſi les déciſions du Conſeil d'adminiſtration.

Il eſt expreſſément chargé de veiller à ce que les Cours annuels de Médecine militaire, de Chirurgie pratique, de Pharmacie, de Botanique, ſe faſſent régulièrement dans les Hôpitaux, de la manière conforme aux intentions de Sa Majeſté, qui lui enjoint, en cas de négligence ſur ce point capital, d'en inſtruire ſans délai le Conſeil d'adminiſtration.

L'Inſpecteur-médecin eſt encore chargé d'examiner ſi les Chirurgiens-majors des Hôpitaux ſont pourvus des inſtrumens néceſſaires aux différentes opérations, & ſi la partie chirurgicale concernant les bandages herniaires eſt bien en règle: cette partie qui a été trop négligée juſqu'ici, ayant occaſionné des dépenſes preſque inutiles.

L'Inſpecteur-médecin donnera l'attention la plus réfléchie aux mémoires & obſervations qui lui ſeront adreſſés ſur les maladies graves, *Endémiques* & *Épidémiques*, qui attaquent généralement & avec danger les Troupes de Sa Majeſté : il ſuivra la même règle dans tous les cas extraordinaires que les maladies aiguës & chroniques lui offriront : il ne perdra pas de vue les méthodes particulières des Chirurgiens-majors des régimens, chargés à l'avenir de traiter les gales ſimples, de même que les maladies & les bleſſures légères. Quoique cet Inſpecteur ait une prépondérance naturelle ſur les Officiers de ſanté, ſoit en chef ou en ſous-ordre, il doit être bien perſuadé que l'impartialité & la fermeté tempérée par la douceur, ſont les plus ſûrs moyens d'engager les hommes à remplir leurs devoirs avec zèle.

Il fera un choix judicieux des mémoires, des obſervations & des découvertes qui lui ſeront adreſſés ; il les communiquera, avec les noms de leurs Auteurs, au Conſeil d'adminiſtration : ſi elles ſont jugées utiles à la conſervation des Troupes, Sa Majeſté permet qu'on les rende publiques dans un journal de *Médecine militaire :* ce bienfait ſera un nouveau tribut que ſon cœur paternel payera à l'humanité entière.

L'Inſpecteur-médecin ſe conformera pour le ſurplus, à toutes les autres diſpoſitions qui pourront le concerner dans le préſent Code.

## SECTION V.

### *Du Vérificateur des Pharmacies.*

LE Vérificateur des Pharmacies ſera immédiatement ſubordonné aux ordres du Conſeil d'adminiſtration, dans tout ce qui concernera l'ordre & l'exactitude des Pharmacies, ainſi que les approviſionnemens & la bonne qualité des remèdes : à la fin de chaque mois il rendra compte au Conſeil, de tous les objets qui auront rapport à ſes fonctions particulières. Il entretiendra une correſpondance régulière avec tous les Apothicaires en chef des Hôpitaux ſédentaires du Royaume, & avec ceux des camps & armées en temps de guerre.

Les Apothicaires en chef, leurs ſurnuméraires & premiers garçons lui ſeront tous ſubordonnés; ils lui rendront un compte exact de la partie de leur ſervice, de l'emploi & de la conſommation des remèdes & des approviſionnemens ſans profuſion, que les circonſtances rendront néceſſaires.

Il eſt enjoint audit Vérificateur de faire des tournées annuelles pour inſpecter les Pharmacies, & de ſe tranſporter par-tout où beſoin ſera, dès que le Conſeil d'adminiſtration lui en donnera l'ordre.

De trois en trois mois il remettra audit Conſeil, les états de conſommation & les procès-verbaux qui conſtateront les approviſionnemens de chaque Hôpital : ces procès-verbaux ſeront faits par les Officiers de ſanté & en préſence du Commiſſaire des guerres chargé de la police. Les quantités & les qualités des drogues & remèdes, tant ſimples que compoſés, y ſeront ſpécifiées d'une manière claire & préciſe : il gardera par-devers lui un double de ces états & de ces procès-verbaux, pour lui servir de renseignemens.

Le Vérificateur des Pharmacies surveillera la conduite, l'exactitude & la fidélité de tous les Apothicaires qui lui seront subordonnés, & fera part de ses observations au Conseil d'administration.

Il analysera avec le plus grand soin les remèdes douteux, soupçonnés de mélanges particuliers, ainsi que tous ceux qui seroient proposés comme des spécifiques pour être employés dans les Hôpitaux.

Il se conformera pour le surplus à tout ce que le Conseil jugera utile au bien du service dont il est chargé.

## SECTION VI.

### *Des fonctions des Commissaires des guerres, Ordonnateurs & Principaux de chaque généralité, relativement à l'Administration des Hôpitaux militaires & de Charité au compte de Sa Majesté.*

Les Commissaires-ordonnateurs & Principaux devant répondre de la bonne administration des Hôpitaux militaires & de charité au compte de Sa Majesté, établis dans l'étendue de leurs départemens respectifs, veilleront avec l'exactitude la plus scrupuleuse, à ce que cette administration soit conforme en tous ses points aux intentions de Sa Majesté, consignées dans son Ordonnance & dans le présent Code.

Les Commissaires-ordonnateurs & Principaux feront chaque année, l'inspection générale de tous les Hôpitaux militaires & de charité au compte de Sa Majesté, dans l'étendue de leurs départemens, afin d'y établir & d'y entretenir la marche du service de santé sur un plan régulier & uniforme.

Leur premier ſoin dans cette inſpection, ſera de ſe faire repréſenter les regiſtres des Officiers de ſanté, des Commiſſaires des guerres ou des Subdélégués chargés de la police, des Contrôleurs, Directeurs & Aumôniers; de s'aſſurer ſi ces regiſtres diſtincts ſont tenus d'une manière conforme à ce qui eſt preſcrit à chacun d'eux dans le préſent Code; & ſi ces regiſtres n'étoient pas encore dans l'ordre requis, leſdits Commiſſaires-ordonnateurs & Principaux les y feroient mettre ſans retard, avec la précaution de parapher eux-mêmes leſdits regiſtres, par première & dernière feuille.

2.° Ils inſpecteront rigoureuſement les procès-verbaux que les Commiſſaires ou Subdélégués chargés de la police auront dreſſés, de la quantité ou qualité des fournitures, effets & uſtenſiles, dont les nouveaux Entrepreneurs ſe feront chargés envers les anciens: après l'examen de la quantité & de la qualité deſdites fournitures & effets, les Commiſſaires-ordonnateurs & Principaux joindront leurs approbations ou leurs obſervations par écrit auxdits procès-verbaux.

3.° Ils s'aſſureront ſi les formes des billets d'entrée & de ſortie, & celles des états généraux & particuliers ſont conformes aux modèles annexés au préſent Code; ſi les conſignes des Commiſſaires des guerres chargés de la police ſont bien rédigées, & telles qu'elles doivent l'être pour prévenir le déſordre & les abus: lorſque ces conſignes ſeront bonnes, les Ordonnateurs & Commiſſaires-principaux y mettront leur approbation.

4.° Ils vérifieront par eux-mêmes ſi la diſtribution des Salles deſtinées à chaque genre de maladies diſtinctes, a été bien faite & de concert avec les Médecin & Chirurgien-major de chaque Hôpital; dans ce cas les Ordonnateurs & Principaux approuveront le procès-verbal fait à ce ſujet par le Commiſſaire à département ou par le Subdélégué, conjointement avec les Médecin & Chirurgien-major; dans le cas contraire, ils en donneront avis au Conſeil d'adminiſtration.

5.° Les ſuſdits Commiſſaires-ordonnateurs & Principaux, obligés de faire chaque année une tournée générale dans leurs départemens, inſpecteront les bâtimens de chaque Hôpital de concert avec les Commiſſaires & Subdélégués chargés de la police, les Médecins & Chirurgiens-majors, les Adminiſtrateurs des Hôpitaux de charité, les Entrepreneurs ou Directeurs des Hôpitaux militaires, les Contrôleurs & un Architecte, pour reconnoître les parties deſdits bâtimens qui auroient beſoin de réparations urgentes, afin de les entretenir en bon état & prévenir à temps les reconſtructions onéreuſes.

Les ſuſdits Commiſſaires dreſſeront un procès-verbal de ce qu'ils auront reconnu dans cet examen, & ce procès-verbal ſigné de toutes les perſonnes déſignées ci-deſſus, ſera adreſſé au Conſeil d'adminiſtration.

6.° Les Ordonnateurs & Commiſſaires-Principaux procèderont encore avec les Officiers de ſanté & autres déſignés, à la diſtribution générale deſdits bâtimens, pour mettre chaque choſe à ſa place, & rendre le ſervice de ſanté plus facile & plus prompt. Ils dreſſeront un procès-verbal de ces diſtributions, & après l'avoir ſigné, ils l'adreſſeront comme il eſt dit ci-deſſus.

7.° D'après ces diſtributions & ces arrangemens déterminés, Sa Majeſté enjoint auxdits Commiſſaires-ordonnateurs & Principaux d'adreſſer directement au Conſeil d'adminiſtration, l'état exact du nombre de malades que chaque hôpital peut contenir ſans être ſurchargé, & de celui des lits deſtinés à leur uſage, ſans exagération ſur l'un & l'autre nombre : cet état ſera fait & envoyé le plus tôt poſſible.

8.° Entend pareillement Sa Majeſté, que les ſuſdits Commiſſaires ſoient tenus d'informer les Intendans de leurs généralités & le Conſeil d'adminiſtration, du jour fixe de leur départ, pour procéder à l'inſpection annuelle des hôpitaux de leurs départemens.

9.° De retour de leurs inſpections, les ſuſdits Commiſſaires en rendront compte au Conſeil d'adminiſtration & à l'Intendant de leur généralité.

10.° Sa Majeſté leur enjoint auſſi de ſe faire remettre de trois en trois mois, les états de mouvement de ſes Hôpitaux militaires, & de ſix en ſix mois, ceux des Hôpitaux de charité à ſon compte, par les Commiſſaires & Subdélégués chargés de leur police: ces états ſeront en tout conformes à leurs modèles. Les Ordonnateurs & Commiſſaires Principaux, formeront de ces états particuliers deux états généraux; l'un par quartier de trois mois & l'autre par quartier de ſix mois, relativement aux deux eſpèces d'Hôpitaux dans l'étendue de chaque généralité: ils adreſſeront ces états généraux avec leurs obſervations particulières au Conſeil d'adminiſtration, dans les dix premiers jours des quatrième & ſeptième mois; en conſéquence, ils obligeront les Commiſſaires chargés de la police, de leur fournir l'état particulier de chaque Hôpital dans les cinq premiers jours des mêmes mois.

11.° Les Ordonnateurs & Commiſſaires Principaux remettront à l'Intendant de leur généralité, une expédition de ces états généraux avec une minute de leurs obſervations à ce ſujet.

12.° L'intention de Sa Majeſté eſt encore que leſdits Commiſſaires enregiſtrent tous les états de mouvement des Hôpitaux, qui leur ſeront fournis par quartier de trois & de ſix mois, pour y avoir recours au beſoin.

13.° Sa Majeſté ordonne auxdits Commiſſaires & à ceux chargés de remplir leurs fonctions pendant leur abſence, de tenir la main à ce que les Commiſſaires particulièrement chargés de la police des Hôpitaux militaires & de charité de ſon Royaume, exécutent tout ce qui les concerne, & faſſent exécuter ponctuellement par leurs ſubordonnés, tout ce qui eſt preſcrit aux uns & aux autres par ſon Ordonnance & par le préſent Code. Sa Majeſté rendant leſdits Ordonnateurs & Principaux, ou ceux qui en rempliront les fonctions, personnellement responsables de la négligence ou de l'inexactitude desdits Commissaires chargés de la police & de leurs subordonnés; & pour que ce service soit par-tout uniforme & régulier, Sa Majesté charge expressément les Intendans des provinces de son Royaume, de donner les ordres les plus clairs, les plus précis à ceux de leurs Subdélégués qui se trouveront chargés de la police de quelques Hôpitaux militaires ou de charité à son compte, pour qu'ils se conforment littéralement aux articles qui les concernent tant dans ladite Ordonnance que dans ce Code.

14.° Si pendant le cours de l'année, il s'élevoit quelques difficultés, ou s'il arrivoit quelques cas importans dont les Commissaires-ordonnateurs ou Principaux fussent instruits, soit par le Commissaire ou Subdélégué chargé de la police, soit par les Officiers de santé ou par les Administrateurs, les Entrepreneurs, Directeurs & Contrôleurs, ils en feront part à l'Intendant de la généralité, & se transporteront sans délai sur les lieux; ils y convoqueront une assemblée générale, composée du Commissaire chargé de la police, ou du Subdélégué en faisant les fonctions, des Officiers de santé & autres Employés majeurs dans ledit hôpital, pour, en présence de tous, exposer les motifs de l'assemblée, examiner le rapport qui y aura donné lieu, discuter & constater les faits, & prendre le parti que la justice & la prudence jugeront convenable. Si l'objet ou le cas de la délibération étoit assez grave pour que le Commissaire-ordonnateur ou Principal crût devoir préalablement en instruire le Conseil d'Administration, il en dressera un procès-verbal signé de tous les Membres de l'assemblée, & le fera parvenir sans retard audit Conseil. Dans cet intervalle, ledit procès-verbal sera enregistré par le Commissaire ou Subdélégué chargé de la police, & le Commissaire-ordonnateur ou Principal fera provisoirement ce qu'il jugera nécessaire afin que le service de santé ne souffre aucun retard. De retour à sa résidence, l'Ordonnateur ou Principal communiquera ce procès-verbal à l'Intendant de sa généralité.

15.° Dans le cas où les Commissaires-ordonnateurs & Principaux obtiendroient des congés de Sa Majesté, avant de s'absenter de leur résidence, ils remettront aux Commissaires chargés de les remplacer, tous les registres, pièces & renseignemens concernant l'Administration générale & particulière des Hôpitaux de leurs départemens, dont il sera fait reconnoissance au bas de l'inventaire desdites pièces.

16.° Les susdits Commissaires consigneront dans un registre particulier les ordres de Sa Majesté, les lettres Ministérielles & les décisions qui auront rapport avec l'Administration des Hôpitaux; & comme cette partie regarde essentiellement les Commissaires-ordonnateurs & Principaux de chaque généralité, & qu'ils doivent surveiller le zèle, le travail & les fonctions des Commissaires à département plus particulièrement employés à cette Administration, Sa Majesté se fera rendre compte à l'avenir de la manière dont chacun d'eux aura observé ce qui lui est prescrit envers ses subordonnés, & dont il se conformera lui-même aux dispositions qui le concernent, tant dans l'Ordonnance que dans le présent Code.

Les Commissaires des guerres ont été institués pour veiller soigneusement à la subsistance, au bien-être & à la conservation des Troupes de Sa Majesté. C'est en s'occupant de ces grands objets qu'ils rempliront le but de leur institution : Sa Majesté leur déclare que c'est principalement à l'exactitude de leur surveillance dans cette partie de service, qu'Elle accordera désormais les avancemens & les grâces dont ils se rendront susceptibles.

# SECTION VII.

## *Fonctions des Commissaires à département, chargés de la Police des Hôpitaux.*

L'INTENTION de Sa Majesté étant que les Commissaires-ordonnateurs & Principaux répondent du service & des fonctions de ceux qui sont immédiatement sous leurs ordres, Elle enjoint aux Commissaires chargés de la police des Hôpitaux, d'exécuter ponctuellement les ordres de leurs Chefs sans pouvoir s'en dispenser, ni les retarder sous quelque prétexte que ce puisse être, & de leur rendre un compte exact de tout ce qui aura rapport à leurs fonctions & emplois.

Celle de toutes les fonctions des Commissaires des guerres qui exige le plus d'attention & de surveillance, est, sans contredit, l'administration des Hôpitaux dont ils ont la police immédiate; c'est elle aussi qui doit être le principal objet de leur correspondance journalière avec leurs Ordonnateurs & Principaux.

Les abus immenses qui se sont introduits dans cette partie du service, ont eu pour première cause la négligence & le relâchement de la police; par-tout où elle s'endort la cupidité se réveille & les désordres s'introduisent: Sa Majesté voulant y pourvoir pour l'avenir, prescrit ici d'une manière expresse les devoirs & les fonctions des Commissaires à département.

Ces Commissaires étant les Supérieurs immédiats de tous les Officiers & Employés dans les Hôpitaux dont ils ont la police, leur juridiction s'étend sur les trois parties qui constituent l'administration générale, savoir, le service de santé, la police & la comptabilité.

Ils tiendront exactement la main à ce que la forme de réception

réception des malades, bleſſés & vénériens, ſoit obſervée telle qu'elle eſt preſcrite au préſent Code.

Ils veilleront avec attention à ce qu'il ne ſe commette aucun abus ſur l'entrée des malades dans les Hôpitaux, conformément aux diſpoſitions de l'Ordonnance, ſous peine de répondre perſonnellement de ces abus: Ils ſeront tenus 1.° de faire obſerver la plus grande propreté dans l'intérieur & dans l'enceinte des Hôpitaux. 2.° De faire donner promptement aux malades, bleſſés & vénériens admis dans les Hôpitaux, tous les ſecours dont ils auront beſoin. 3.° De tenir la main à ce que les Officiers de ſanté & tous autres Employés, s'acquittent de leurs devoirs dans toute leur étendue; à ce que les Entrepreneurs ou leurs Directeurs, exécutent fidèlement les clauſes & conditions de leurs marchés; à ce que les regiſtres ſoient tenus dans l'ordre preſcrit & conformément aux modèles annexés au préſent Code; finalement à ce que toutes les parties de la police ſoient régulièrement obſervées dans chaque Hôpital.

Les Commiſſaires des guerres ou Subdélégués chargés de la police, donneront une conſigne par écrit, qui renfermera les inſtructions néceſſaires aux Portiers, aux Sergens de garde & de planton & aux Sentinelles: les uns & les autres ſeront obligés de s'y conformer ſtrictement: ils feront chaque jour une tournée à l'Hôpital, & même pluſieurs, ſi beſoin eſt & à des heures imprévues, afin de s'aſſurer ſi la marche du ſervice eſt régulière. Ils aſſiſteront le plus ſouvent poſſible à la diſtribution des alimens, conjointement avec les Médecin, Chirurgien-major, Contrôleur & Sergent de planton: ils écouteront avec bonté les repréſentations & les plaintes des malades, pour y faire droit d'après la connoiſſance des faits; ils feront placer dans chaque Salle, une formule de police qui preſcrira aux Soldats malades, bleſſés & vénériens, l'ordre & la décence qu'ils doivent obſerver pendant leur ſéjour à l'Hôpital.

La peine de priſon infligée aux Soldats malades, étant

nuisible à leur prompt rétablissement, n'aura plus lieu à l'avenir, & les malades ne seront plus mis à la diète par forme de punition; la raison & la prudence indiquent d'autres moyens sans inconvéniens & bien plus efficaces. Sa Majesté a jugé à propos de les consigner dans ce Code. 1.° Tout Soldat, Cavalier, Dragon, malade ou convalescent qui tiendra des propos tendans à exciter le trouble, la sédition & la révolte dans les Hôpitaux, sera mis aux fers, d'après l'ordre du Commissaire ou du Subdélégué chargé de la police, par le Fossoyeur de l'Hôpital, en présence du Contrôleur, des Sergens de garde & de planton; le coupable sera placé ensuite sur un lit sans matelas, exposé à la vue de ses camarades, mais sans le priver des remèdes & des alimens prescrits dans le cahier de visite des Médecin & Chirurgien-major; le Commissaire dressera procès-verbal du délit dans la Salle même, en présence des Officiers de santé, des Contrôleur & Directeur; ce procès-verbal sera adressé sans délai au Conseil d'administration; si le coupable étoit guéri avant la réception des ordres du Secrétaire d'État de la guerre, le Commissaire le feroit transférer dans la prison du lieu, ou le remettroit au Prévôt de Maréchaussée sur son reçu. 2.° Tout Soldat, Cavalier ou Dragon, qui aura forcé la Sentinelle ou escaladé l'enceinte des murs de l'Hôpital, sera puni de la même manière & pour autant de temps que le Commissaire jugera à propos, mais il en rendra compte à son Commissaire-ordonnateur ou Principal. 3.° Tout Soldat, Cavalier ou Dragon, qui frappera quelqu'un des Employés ou le maltraitera grièvement en paroles, sera mis après son rétablissement, pendant quinze jours en prison, par l'ordre du Commissaire des guerres. Les malades ou convalescens qui casseront par malice les vitres de l'Hôpital, ou qui briseront les meubles, effets & ustensiles appartenans à l'Entrepreneur, subiront également après leur guérison, la peine de la prison pendant huit jours, & le Commissaire fera estimer la valeur des meubles & effets dont il enverra l'état au Conseil d'administration du Régiment, & ce Conseil sera tenu d'en faire passer le montant audit Commissaire pour le remettre à qui de droit: au refus du Conseil d'administration, le Commissaire en rendra compte au Secrétaire d'État de la guerre. Les fautes moins graves, seront punies par des peines plus douces & toujours relativement aux circonstances.

Si quelques-uns des Employés servans, tomboient dans quelques fautes qui méritassent le blâme ou une répréhension publique, le Commissaire ou Subdélégué chargé de la police ne fera rien dans ce cas de son autorité privée; mais il convoquera une assemblée dans la direction de l'Hôpital, où se rendront les Médecin, Chirurgien-major, Contrôleur & Directeur. Le Commissaire après avoir exposé la faute & ses conséquences, prononcera de concert avec lesdits Officiers de santé & autres, sur la peine que la faute mérite: ce jugement sera consigné dans un procès-verbal qu'il fera signer par les Médecin & Chirurgien-major, & ce procès-verbal servira de règle dans la suite pour juger les cas semblables; le Commissaire en donnera connoissance au Conseil d'administration, à l'Intendant de la province ainsi qu'à son Ordonnateur ou Principal. Cette manière de procéder exclut les jugemens arbitraires auxquels l'Ordonnance de 1747 a pu donner lieu: les répréhensions publiques, faites d'après une forme régulière, quelque légères qu'elles paroissent, en imposent davantage que des peines plus graves arbitrairement infligées: dans tous les cas de délits & d'affaires majeures, le Commissaire chargé de la police se conformera ponctuellement à ce qui est enjoint aux Commissaires-ordonnateurs & Principaux dans les différens articles de ce Code.

Ledit Commissaire procédera de trois en trois mois, à l'inspection des effets, ustensiles & fournitures de toute espèce en présence des Médecin, Chirurgien-major, Contrôleur & Directeur de l'Hôpital: il en formera un inventaire par articles diſtincts en cinq colonnes, ſavoir, le nom de la choſe & la quantité; & d'après l'examen il en déſignera la qualité par ces mots, *bon*, *à réparer*, *hors de ſervice.* Au bas de cet inventaire, ſigné & certifié véritable, l'Entrepreneur ou le Directeur paſſera ſa ſoumiſſion pour faire réparer le plus tôt poſſible, ou remplacer dans un court délai tout ce qui ſera à réparer ou à renouveler. Le Commiſſaire enregiſtrera cet inventaire dont il fera quatre expéditions: il en adreſſera une au Conſeil d'adminiſtration, deux au Commiſſaire-ordonnateur qui en remettra une à l'Intendant de la province, & la quatrième ſera pour le Directeur.

Le dernier jour du troiſième mois, le Commiſſaire, ou le Médecin en ſon abſence, convoquera une aſſemblée générale dans la direction de l'Hôpital où ſe trouveront les Officiers de ſanté, le Contrôleur & le Directeur. La même choſe s'obſervera dans les Hôpitaux de charité au compte du Roi, en préſence du Commiſſaire ou Subdélégué chargé de la police, de quelques-uns des Adminiſtrateurs, du Chirurgien & de l'Apothicaire. Chacun deſdits Officiers de ſanté & autres perſonnes ayant droit, ſeront libres de faire les obſervations & repréſentations qu'ils croiront utiles au bien du ſervice. Lorſque ces obſervations ſeront jugées bonnes, on les conſignera ſur un regiſtre deſtiné à cet uſage; on en fera lecture, & les Membres de l'aſſemblée ſigneront le regiſtre. Si ces repréſentations paroiſſoient importantes, on les communiqueroit ſans retard au Conſeil d'adminiſtration.

Sa Majeſté voulant que la marche du ſervice de ſanté ſoit par-tout conſtante & régulière, Elle entend qu'en l'abſence du Commiſſaire chargé de la police d'un Hôpital, le premier Médecin en rempliſſe les fonctions, & que tous les Officiers & autres Employés à ce ſervice exécutent ſes ordres & lui rendent compte dès qu'ils en ſeront par lui requis; & pendant le temps qu'il ſera chargé de la police, il entretiendra correfpondance avec le Commiſſaire-ordonnateur ou Principal de la généralité : pour rendre cette correſpondance utile, le Commiſſaire qui aura obtenu la permiſſion de s'abſenter, lui remettra les regiſtres & autres pièces concernant la police & l'adminiſtration. La partie de la comptabilité ne regardera point le Médecin : il eſt enjoint au Subdélégué du lieu, de la ſurveiller & d'arrêter les états de dépenſes ſur les pièces juſtificatives.

Enjoint expreſſément Sa Majeſté aux Commiſſaires chargés de la police des Hôpitaux, aux Subdélégués en faiſant les fonctions, de ſe conformer pour le ſurplus à tout ce qui leur eſt preſcrit par ſon Ordonnance & par le préſent Code.

## SECTION VIII.

### *Des Commandans dans les Places.*

LES Commandans dans les Places, chargeront chaque jour deux Officiers de la garniſon de viſiter l'Hôpital; l'un aſſiſtera à la viſite du matin, l'autre à celle du ſoir : ces Officiers n'ayant aucune autorité dans cette partie du ſervice, ne pourront rien ordonner; mais s'ils obſervoient quelque déſordre, quelques irrégularités dans ce qui concerne le ſervice des malades, ils en feront un rapport par écrit qu'ils ſigneront; ils remettront ledit rapport au Commandant de la Place, qui fera appeler le Commiſſaire chargé de la police, ou le Médecin en ſon abſence, & il lui communiquera les plaintes conſignées dans le rapport de l'Officier, afin qu'il y ſoit pourvu ſans retard. En ſuppoſant la durée de l'abus ou la récidive du même cas, le Commandant en informera le Commiſſaire-ordonnateur ou Principal de la généralité, tenu de ſe rendre promptement ſur les lieux pour procéder à l'examen du fait & redreſſer les torts en préſence du Commiſſaire du lieu, des Médecin & Chirurgien-major, de l'Apothicaire en chef, du Contrôleur, du Directeur & d'un Officier-major de la Place, nommé par le Commandant; à défaut de quoi ledit Comandant en instruiroit sans délai, le Conseil d'administration des Hôpitaux.

D'après un mûr examen de l'objet de la plainte, le Commissaire-ordonnateur prendra les mesures les plus efficaces, pour qu'à l'avenir le même désordre ou le même abus n'ait plus lieu; si la gravité du cas exigeoit qu'il en dressât un procès-verbal, il se conduiroit dans cette occasion, comme il a été dit.

Les Officiers chargés par le Commandant de la Place, de visiter l'Hôpital, consigneront leurs observations journalières dans un registre tenu à cet effet par le Contrôleur: le pain, la viande, le bouillon, le vin, la bière, si elle a lieu, y seront désignés par colonnes, afin que lesdits Officiers écrivent eux-mêmes les bonnes & mauvaises qualités desdits alimens & boissons au-dessous de chaque article qui les concerne. Lesdits Officiers signeront ce résultat de leurs visites, & le Contrôleur en donnera journellement connoissance au Commissaire chargé de la police, ou au Médecin qui rempliroit ses fonctions. Le Contrôleur est encore tenu de représenter ce registre, & même ceux qui lui seront antérieurs, aux Commissaires-ordonnateurs & Principaux, à l'Inspecteur-général-médecin, & au Commissaire député par le Conseil lors de leurs tournées & inspections.

## SECTION IX.

### *Des Contrôleurs Militaires.*

L'ÉTABLISSEMENT des places de Contrôleurs dans les Hôpitaux militaires & de charité au compte de Sa Majesté, lui avoit été présenté comme peu utile au bien du service, & la suppression desdites places comme un objet d'économie; mais les abus qui ont résulté de cette suppression, ont prouvé qu'elle n'avoit eu d'autre effet que d'éloigner des Hôpitaux, une surveillance reconnue nécessaire.

L'importance des fonctions des Contrôleurs pour la régularité du service hospitalier, pour le bien des malades & la sage économie des finances, ont déterminé Sa Majesté à rétablir ces places supprimées par l'Ordonnance du 26 février 1777, & à les faire occuper de préférence par des Militaires qui auront donné des preuves de bonne conduite & de zèle pour son service: Elle leur ordonne en conséquence de se conformer exactement à ce qui suit:

1.° Le Contrôleur sera aux ordres immédiats du Commissaire ou Subdélégué chargé de la police de l'Hôpital, & subordonné aux Médecin & Chirurgien-major, dans ce qui concerne le service de santé. Il sera spécialement chargé de la police des Infirmiers-majors & des Infirmiers ordinaires, qui exécuteront ponctuellement ses ordres, & lui obéiront en tout ce qui concernera le service des malades, & généralement la police de l'Hôpital: il répondra personnellement de l'exactitude des Infirmiers-majors & autres dans le cas dont il s'agit.

2.° Le Contrôleur recevra directement ses instructions du Commissaire des guerres, obligé de les lui donner par écrit, de même que ses ordres particuliers lorsqu'il s'agira d'une règle de police permanente; dans l'un & l'autre cas, le Contrôleur enregistrera lesdits ordres.

3.° Chaque jour il remettra au Commissaire, un état de mouvement conforme au modèle annexé au Code, & lui rendra compte de ce qui se sera passé à l'Hôpital pendant la révolution des vingt-quatre heures.

4.° Il se conformera littéralement à ce qui lui est prescrit sur la forme de la réception des malades, blessés & vénériens; il tiendra à ce sujet trois registres, dont le premier aura pour titre, *registre des Malades entrans, sortans & morts*; le titre du ſecond ſera, *regiſtre des Bleſſés entrans, ſortans & morts;* le troiſième comprendra les *Vénériens entrans, ſortans & morts.*

5.° Outre ces regiſtres il en aura deux autres, dont l'un ſera deſtiné à enregiſtrer les armes, équipemens, habillemens, argent & autres effets dépoſés au magaſin, par les malades & bleſſés à leur entrée dans l'Hôpital, pour le tout leur être rendu aux mêmes état, quantité & qualité, lors de leur ſortie dudit Hôpital.

Le ſecond regiſtre ſera celui ſur lequel les Officiers déſignés pour les viſites journalières, mettront leurs obſervations comme il eſt ordonné ci-devant.

6.° En l'abſence du Commiſſaire chargé de la police, le Contrôleur rendra compte au Médecin qui le repréſentera dans cette partie; il exécutera ponctuellement ſes ordres dans tout ce qui concernera le ſervice de ſanté; mais quant à la partie de la comptabilité attribuée au Subdélégué du lieu dans la même circonſtance, c'eſt à celui-ci qu'il rendra compte de tout ce qui aura rapport à elle.

7.° Comme le Contrôleur recevra chaque jour des Médecin & Chirurgien-major, le relevé de leurs viſites, certifié véritable, ledit Contrôleur chargé de l'exécution de ce relevé, y tiendra la main conjointement avec les garçons Chirurgiens & le Sergent de planton. Il gardera par-devers lui le relevé deſdites feuilles de viſites qu'il rangera par ordre de date.

8.° En cas de maladie ou d'abſence de la part du Contrôleur, le Commiſſaire des guerres choiſira un homme de confiance pour remplir ſes fonctions, il lui donnera ſes inſtructions par écrit & lui allouera quarante ſous par jour, qui ſeront portés ſur les états de dépenſe qu'il arrêtera.

Le Contrôleur ſe conformera pour le ſurplus à tout ce qui le concerne dans les différens articles de ce Code.

SECTION X.

# SECTION X.

## *Du Sergent de planton.*

Le rétabliſſement des Contrôleurs militaires ne diſpenſera pas les Conſeils d'adminiſtrations des Régimens, de commander chaque jour un Sergent de planton pour la ſurveillance de l'Hôpital : un ſervice de cette importance ne ſauroit être trop éclairé, & comme les Sergens de planton peuvent occuper un jour les places de Contrôleurs, il eſt néceſſaire qu'ils connoiſſent d'avance l'ordre & la marche du ſervice de ſanté : en concourant à faire donner à leurs camarades les ſecours preſcrits, ils travailleront utilement pour eux-mêmes. Le Contrôleur & le Sergent de planton s'arrangeront enſemble de manière que de jour & de nuit, l'un des deux ſoit toujours préſent à l'Hôpital pour veiller à l'obſervation de la police, & principalement à ce que les garçons Chirurgiens, Apothicaires & Infirmiers de garde, rempliſſent leurs devoirs & ne s'écartent point des Salles qui leur ſont confiées.

L'arrangement concerté entre le Contrôleur & le Sergent de planton, ſera mis en écrit chaque jour ; le Commiſſaire chargé de la police, ou celui qui en ſera les fonctions, doit connoître cet arrangement, afin que dans les viſites imprévues qu'il eſt tenu de faire tant dans le jour que dans la nuit, il ſache poſitivement à qui s'en prendre ſur le déſordre qui pourroit régner à l'Hôpital.

Le Sergent de planton exécutera en outre ce qui lui ſera plus amplement ordonné par le Commiſſaire des guerres, & ſe conformera ponctuellement à ce qui peut le concerner dans ce Code.

Le Sergent de garde recevra ſa conſigne dudit Commiſſaire ou du Médecin en ſon abſence, tenus l'un & l'autre de la lui donner par écrit ; il exécutera pareillement les ordres du

Contrôleur concernant la police de l'Hôpital & le bien du service.

## SECTION XI.

### *Des Médecins en chef & des Chirurgiens-majors.*

L'HUMANITÉ, le zèle & le dévouement du plus grand nombre des Médecins & Chirurgiens-majors des Hôpitaux sont connus de Sa Majesté; mais Elle sait aussi que le bien général du service de santé, exige nécessairement de la part de tous & de chacun d'eux en particulier, une subordination graduelle, des égards réciproques, un accord dans les fonctions respectives, & une unité d'intérêts pour la conservation des malades, qu'aucune prétention, aucun motif particulier ne puissent troubler ni altérer: le bien durable ne s'opère jamais que par l'harmonie constante des grands & des petits ressorts qui doivent le procurer.

1.° Le Médecin, vu la supériorité de son grade, est à la tête de tous les Officiers de santé; l'intérêt du service exige qu'il vive en bonne intelligence avec le Commissaire des guerres ou le Subdélégué chargé de la police, qu'il confère & se concerte souvent avec lui sur tous les objets relatifs à ce service.

2.° Les Apothicaires-majors & surnuméraires, ainsi que les Garçons, sont plus spécialement subordonnés au Médecin qui a le droit d'interdire de toutes fonctions l'Apothicaire-major, mais dans le cas seulement d'une faute grave; il ne pourra le renvoyer, sans informer le Conseil d'administration, des motifs puissans qui nécessitent ce renvoi, afin qu'il y soit pourvu: à l'égard des garçons Apothicaires, aucun d'eux ne sera employé dans l'Hôpital, qu'il n'ait été bien examiné par le Médecin, qui ne doit le recevoir qu'avec connoissance de cause, & qui pourra le renvoyer de concert avec le Commissaire des guerres, par défaut de conduite, de capacité & d'affiduité à fes devoirs. Le Médecin aura la même autorité fur les Chirurgiens furnuméraires & en fous-ordre; mais avant d'en ufer, il agira de concert avec le Commiffaire & le Chirurgien-major de l'Hôpital: aucun defdits Garçons ne pourra être reçu ni admis au fervice de fanté, fans un examen préliminaire fait par fes Chefs, en la préfence du Commiffaire ou du Subdélégué chargé de la police: l'expérience du paffé exige cet examen, la confervation des hommes en dépend.

3.° Le grand intérêt que Sa Majefté prend à cette confervation, l'a déterminée à ordonner que dans les Hôpitaux confidérables, où il y a communément un grand nombre de malades, il y ait auffi deux Médecins appointés: Elle leur défend expreffément de faire le fervice alternativement; mais Elle entend que les uns & les autres foient toujours en activité, & qu'ils fe partagent les malades à peu-près à nombre égal. Le premier ou le plus ancien des Médecins, aura le choix des falles; & le fecond fera le fervice de celles qui lui feront affignées: tous deux feront placer les malades felon le genre diftinct des maladies, toutes les fois que l'emplacement & la diftribution de l'Hôpital le permettront.

4.° Il eft enjoint aux Médecins & Chirurgiens-majors, de ne point laiffer inutilement féjourner dans les Hôpitaux militaires les Soldats convalefcens, ceux qui font attaqués de maladies chroniques confirmées ou de maladies incurables, & de fuivre littéralement ce qui leur eft prefcrit dans ces deux derniers cas par l'Ordonnance de ce jour. Veut Sa Majefté que les Médecins & Chirurgiens-majors pèfent mûrement les motifs de leurs décifions, avant de prononcer fur l'état d'incurabilité defdits Soldats.

5.° Les Médecins & Chirurgiens-majors n'attendront jamais que le nombre des malades excède celui des lits, pour avertir le Commiffaire des guerres de la néceffité d'un reverfement: ils prendront dans tous les temps les précautions convenables pour éviter un engorgement funeste aux malades.

6.° Les Médecins titulaires feront régulièrement tous les ans un Cours de Médecine pour l'instruction de leurs surnuméraires; ils ne négligeront rien pour leur transmettre les connoissances particulières d'une pratique *médico-militaire*, simple dans ses secours, éclairée & soutenue dans sa marche par des observations que l'expérience confirme chaque jour. Les Médecins surnuméraires auront des cahiers sur lesquels ils écriront le signalement des maladies, l'état des malades dans leurs différens périodes, les remèdes prescrits, leurs bons ou mauvais effets, les ressources que la Nature a employées dans les différens cas, soit pour terminer la maladie par une autre, soit pour la guérir efficacement. Ces Médecins surnuméraires seront tenus de communiquer ces cahiers d'observations-pratiques à l'Inspecteur-général-médecin, dès qu'ils en seront par lui requis: l'ouvrage fera connoître l'ouvrier, & les succès seront les plus sûrs garans des méthodes-pratiques.

7.° La science la plus profonde & l'expérience la plus consommée seroient souvent infructueuses aux malades, si les remèdes & les alimens qu'on leur administre péchoient par la qualité; les Médecins & Chirurgiens-majors doivent conséquemment visiter les pharmacies une fois chaque mois, & les alimens tous les jours: Sa Majesté ajoute l'injonction à cet intérêt pressant, à peine pour les Médecins & Chirurgiens-majors de répondre personnellement de cette omission & des suites.

8.° Le Chirurgien-major de l'Hôpital est le second chef de tous les Chirurgiens en sous-ordre & autres Employés dans sa partie, lesquels sont tenus de lui obéir comme à leur Supérieur, & d'exécuter ponctuellement les ordres qu'il leur donnera touchant le service.

9.° Sa Majesté veut que le Chirurgien-major de chaque

Hôpital, surveille la conduite & le service des garçons Chirurgiens, obligés d'être assidus & de coucher à l'Hôpital : Elle lui enjoint de faire, à différentes heures, des rondes inattendues dans les salles des malades & dans les chambres desdits Garçons, pour s'assurer s'ils y sont en effet & si la police est régulièrement observée.

10.° Lorsque le service exigera deux Chirurgiens-majors dans un grand Hôpital, ils se conformeront pour le partage des malades & blessés, à ce qui a été dit à ce sujet à l'article des Médecins : Ordonne Sa Majesté auxdits Chirurgiens de ne certifier qu'avec pleine connoissance de cause & la plus grande réserve, que les Soldats sont hors d'état de servir à raison de leurs blessures ou autres maladies internes ou externes; de motiver les certificats qu'ils délivreront à cet égard, de manière qu'en les comparant avec l'état actuel des parties malades, il soit facile de reconnoître que lesdits Soldats sont en effet hors d'état de servir.

11.° Enjoint pareillement Sa Majesté à chaque Chirurgien-major d'avoir le nombre d'instrumens nécessaires pour les opérations; de les tenir proprement & en état de servir dans toutes les circonstances; de prévoir & de préparer, lors d'une expédition annoncée, les appareils & les secours dont les blessés pourroient avoir besoin, sous peine d'être punis de leur négligence dans cette importante occasion.

12.° Ordonne Sa Majesté aux Chirurgiens-majors de ses Hôpitaux, de faire des Cours annuels d'opérations & de pratique chirurgicales, & de s'attacher bien plus aux faits dans les instructions qu'ils donneront à leurs Élèves, qu'à des spéculations théoriques, inutiles ou contraires au soulagement des malades.

13.° Si les Chirurgiens-majors ont des fonctions qui leur sont propres, le bien du service exige qu'ils en exercent d'autres de concert avec les Médecins : la Médecine & la

Chirurgie sont sœurs, elles doivent être unies. En conséquence Sa Majesté veut, 1.° que si dans l'examen qui sera fait par le Médecin & le Chirurgien-major de l'état d'un malade entrant à l'Hôpital, il étoit reconnu que ce malade fût attaqué d'une maladie vénérienne grave, ces deux Officiers de santé confèrent ensemble sur les moyens les plus propres à arrêter le progrès du mal : Elle veut encore que ces conférences soient répétées autant de fois que l'état du malade paroîtra l'exiger. 2.° Que lorsque la maladie vénérienne, quoique moins grave, sera compliquée d'autres maux non vénériens, aigus ou chroniques, le Chirurgien-major ne puisse se dispenser d'appeler le Médecin, & de se concerter avec lui sur ces complications. 3.° Que ledit Chirurgien-major, lors de sa visite dans la salle des Vénériens, ait toujours présent le cahier destiné pour le traitement de ces sortes de maladies; qu'il y fasse écrire généralement tous les remèdes mercuriaux & autres appropriés aux traitemens, avec le régime convenable; & qu'au bas de chaque visite il appose sa signature, comme le Médecin doit y apposer la sienne, lorsque cette visite se fera de concert avec lui dans tous les cas énoncés ci-dessus. 4.° Que lesdits Chirurgiens astreignent leurs Garçons, sous peine d'être renvoyés, à faire prendre & avaler aux malades les doses entières des remèdes mercuriaux jugés nécessaires, & à leur rendre compte de l'usage externe de ces mêmes remèdes administrés par frictions : c'est le seul moyen de remédier aux erreurs commises à ce sujet, & de rendre le traitement moins long & plus certain. 5.° Qu'à un jour fixe de chaque semaine, le Médecin & le Chirurgien-major fassent ensemble la visite générale des Vénériens, afin de prendre de concert les mesures les plus propres à détruire les accidens qui peuvent rendre ces maladies mortelles. 6.° Qu'aucune opération, pour peu qu'elle soit de conséquence, ne se fasse sans l'aveu & hors de la présence du Médecin. 7.° Qu'aucun Soldat vénérien, sous quelque prétexte que ce puisse être, n'obtienne un billet de sortie de l'Hôpital, qu'il n'ait été ſcrupuleuſement examiné par les Médecin & Chirurgien-major, & reconnu radicalement guéri. Le Chirurgien conſtatera ſur ſon regiſtre les nom & ſurnom du Soldat, ceux de ſon régiment & de ſa compagnie, ſa guériſon, le jour de ſa ſortie, & le lieu de ſa naiſſance: le Médecin, le Chirurgien-major & le Commiſſaire chargé de la police, ſigneront ce procès-verbal pour y avoir recours dans les cas énoncés aux articles 21 & 23 de l'Ordonnance. 8.° Lorſque le mal vénérien réſiſtera invinciblement à tous les ſecours, ſoit que le malade meure, ou que l'on ſoit forcé de le renvoyer ſans être guéri, les ſuſdits Officiers de ſanté ſeront tenus d'en faire mention ſur leurs regiſtres, avec toutes les circonſtances qui ont précédé, ſuivi & accompagné la maladie: ils en certifieront la vérité ſans rien déguiſer.

14.° Le défaut de précautions convenables, d'obſervations lumineuſes & de préceptes-pratiques dans les maladies épidémiques & endémiques, a déterminé Sa Majeſté à établir des règles ſur un objet auſſi important: Elle ordonne 1.° qu'il ſoit adreſſé par le Conſeil d'adminiſtration des Hôpitaux aux Médecins & Chirurgiens-majors, des feuilles contenant diverſes queſtions relatives aux différentes cauſes d'inſalubrité qui pourroient exiſter dans l'enceinte ou dans les environs des villes & des lieux où les Hôpitaux ſont ſitués. 2.° Que les Médecins & Chirurgiens-majors répondent le plus tôt poſſible, & d'une manière utile & ſatisfaiſante auxdites queſtions, par des Mémoires clairs & précis qu'ils enverront directement audit Conſeil. 3.° Que d'après l'examen, l'analyſe & la comparaiſon de ces Mémoires entr'eux, il s'établiſſe entre le Médecin-inſpecteur-général, les Médecins & Chirurgiens-majors des Hôpitaux du royaume, une correſpondance ſuivie qui pourra avec le temps diſſiper l'obſcurité qui regne dans l'hiſtoire des maladies particulières, propres aux contrées où les Troupes ſont en garniſon ou quartiers: cette correſpondance qui a pour but de détruire les effets d'après la connoiſſance des cauſes, diminuera du moins les ravages de ces fléaux deſtructeurs, s'il eſt impoſſible de les prévenir ou d'y remédier en totalité. 4.° Que dans ce dernier cas les Officiers de ſanté ne négligent rien pour connoître le rapport de ces maladies peu connues avec d'autres cauſes générales ſenſibles, & faſſent tous leurs efforts pour ſaiſir les phénomènes ou les effets évidens du mal, & les criſes qui ſe manifeſteront dans ſes différens périodes, pour faire part de toutes leurs découvertes à l'Inſpecteur-général-médecin. 5.° Que d'après tous ces détails, ces renſeignemens & ces obſervations, conſignés dans des Mémoires particuliers, ſignés du Médecin & du Chirurgien-major de chaque Hôpital, ledit Inſpecteur-médecin ſoit tenu de dreſſer des Tables concernant les Epidémies & les Endémies, & de les rendre publiques: ces Tables préſenteront clairement les cauſes les plus évidentes ou les plus probables, les ſignes caractériſtiques, les phénomènes & les criſes dans les différens périodes de la maladie, les traitemens heureux & malheureux, ſans rien déguiſer dans aucun cas: ces Tables indiqueront encore les rapports que les conſtitutions auront pu avoir avec le ſol, les intempéries de l'air ou des ſaiſons, ou avec d'autres cauſes particulières, ou enfin avec les maladies déjà connues: les noms des Médecins & Chirurgiens-majors qui auront enrichi ce travail de leurs obſervations & de leurs découvertes, ſeront inſcrits dans ces Tables, & les hommages de leurs contemporains, leur garantiront ceux de la poſtérité.

Tels ſont les moyens que Sa Majeſté a jugé les plus efficaces pour parvenir un jour aux connoiſſances qui doivent former une hiſtoire, auſſi parfaite qu'il ſera poſſible, des maladies propres & particulières à chaque pays, & des Épidémies *erratiques* ou *périodiques* dans les Hôpitaux de diverſes contrées; les remèdes & les ſecours qu'une longue expérience fondée ſur des obſervations également exactes & multipliées, auront fait

fait découvrir dans l'un & l'autre cas, diminueront ſenſiblement la mortalité, & ces ſecours univerſellement connus des Gens de l'art, deviendront des ſpécifiques communs à toutes les Nations: c'eſt pour accélérer cette époque que Sa Majeſté enjoint à tous les Médecins & Chirurgiens-majors des Hôpitaux de ſon royaume & de ſes camps & armées, de répondre aux queſtions énoncées dans les feuilles qui leur ſeront envoyées par le Conſeil d'adminiſtration, toutes les fois que les circonſtances l'exigeront, ſous peine de perdre leurs places. Ceux qui refuſeroient d'entretenir une correſpondance avec l'Inſpecteur-médecin, ſubiront la même peine; quant à ceux qui s'en acquitteront négligemment, ils ſeront privés des récompenſes que Sa Majeſté deſtine à ceux des Officiers de ſanté qui ſe dévoueront à la conſervation de ſes Troupes.

15.° L'ouverture des cadavres étant un des principaux moyens de s'inſtruire ſur le ſiége, les cauſes & les effets des maladies, & de reconnoître les erreurs & les mépriſes dans le jugement que l'on en a porté & dans le traitement qui en a été la ſuite, Sa Majeſté enjoint expreſſément à tous les Médecins & Chirurgiens-majors de ſes Hôpitaux, de faire de fréquentes ouvertures de cadavres lorſqu'il régnera des Endémies & des Épidémies dans les Hôpitaux, & d'y avoir recours généralement dans tous les cas où ils eſpéreront trouver de nouvelles inſtructions: ces ouvertures ne pourront être faites hors de la préſence du Médecin de l'Hôpital ni ſans ſon aveu: les Médecins ſurnuméraires, le Chirurgien-major & ſes ſubordonnés y aſſiſteront régulièrement: leurs obſervations & les découvertes intéreſſantes qui pourront en réſulter, ſeront conſignées dans des procès-verbaux, certifiés & adreſſés à l'Inſpecteur-général-médecin qui en donnera connoiſſance au Conſeil d'adminiſtration.

16.° Les Médecins des Hôpitaux ſeront tenus de faire leur viſite régulierement tous les matins à ſept heures, ſans avoir égard à la distinction faite à ce sujet du 1.er Mai au 1.er Octobre, & du 1.er Octobre au 1.er Mai, dans l'article VI de l'Ordonnance du 26 février 1777; par ce moyen la distribution des remèdes se fera par-tout & dans tous les temps avant neuf heures. Les Chirurgiens commenceront leur visite avant celle des Médecins, afin de pouvoir conférer ensuite avec eux sur les cas chirurgicaux & accidens graves qui pourroient être survenus, de même que sur les opérations auxquelles lesdits Médecins doivent assister, sous peine auxdits Chirurgiens-majors d'être privés de leurs emplois, si après s'être dispensés de les appeler dans ces différentes circonstances, & dans celles indiquées ailleurs, ils récidivoient. Les uns & les autres seront obligés de faire une seconde visite à quatre heures de l'après-midi pour examiner les Soldats entrans, & revoir ceux attaqués de maladies dangereuses.

17.° Ayant été observé que dans la plupart des Hôpitaux, la forme des cahiers de visite des malades, blessés & vénériens, n'étoit ni uniforme ni régulière, & ne remplissoit point les vues d'ordre & d'économie que Sa Majesté se propose d'établir, Elle ordonne à l'Inspecteur-médecin d'adresser incessamment aux Médecins & Chirurgiens-majors, des instructions sur la forme & la tenue de ces cahiers, & sur les autres points du service de santé qui exigent une infinité de détails particuliers: Veut Sa Majesté que tous les Officiers & Employés dans cette partie s'y conforment exactement.

18.° Entend Sa Majesté que pour remplir plus facilement les devoirs imposés aux susdits Officiers de santé, ils soient logés autant que faire se pourra, dans les Hôpitaux, ou du moins à une proximité qui leur permette de s'y transporter à toutes les heures selon l'urgence des cas.

19.° Quelque exacte que puisse être la surveillance de la police pour la propreté des salles, l'usage des parfums & le renouvellement de l'air, jamais ces précautions indispensables ne seront aussi utiles aux convalescens que des promenades journalières à l'air libre: Sa Majesté ordonne en conséquence, que non-seulement l'on fasse sortir chaque jour les convalescens & certains malades & blessés, autant que leur état & leurs forces pourront le permettre, dans les cours & jardins des Hôpitaux, pendant le temps de la journée qui sera fixé par les Médecins & Chirurgiens-majors; mais encore que lesdits convalescens & malades non vénériens, puissent sortir de la ville ou des lieux où sont situés les Hôpitaux, jusqu'à une distance déterminée, connue des bas Officiers qui escorteront lesdits convalescens, & qui répondront personnellement d'eux & de leur conduite: Enjoint Sa Majesté aux Commandans & États-majors de ses Places, de nommer chaque jour le nombre de bas Officiers nécessaires pour cette escorte, d'après l'état qu'en donneront les Officiers de santé, lequel état lui sera remis par le Commissaire des guerres ou le Contrôleur. Au retour de la promenade, le Contrôleur fera l'appel de chaque convalescent ou malade sorti, avant la rentrée dans les salles; les bas Officiers lui rendront compte de tout ce qui se sera passé dans la promenade pour y avoir égard: en se conformant exactement à cet article, on concourra au prompt rétablissement de plusieurs malades, auquel l'air mal-sain des Hôpitaux pouvoit s'opposer; les convalescences en seront plus promptes, les forces plus tôt réparées & les Soldats plus en état de joindre leurs Corps, seront moins exposés à faire des rechutes en route: arrivés au Régiment, ils reprendront leur service sans inconvénient.

20.° La veille du départ d'un Régiment, les Médecins & Chirurgiens-majors auront attention de faire la visite & l'examen de tous les malades, des blessés, & sur-tout des vénériens qu'ils croiront en état de partir; ils en formeront des notes certifiées d'eux & le Commissaire en remettra un double au Conseil d'adminiſtrtion du Régiment: les billets de sortie seront expédiés selon la forme & teneur prescrites dans le présent Code.

21.° L'expérience ayant appris qu'on ne peut espérer de bons effets de plusieurs remèdes & boissons, qu'autant que les plantes avec lesquelles on les prépare, conservent leurs sucs dans toute leur fraîcheur, & que l'on ne peut se procurer aisément cet avantage dans les Hôpitaux où il n'y a point de jardin botanique; Sa Majesté veut qu'on établisse dans chaque Hôpital, autant qu'il sera possible, un jardin botanique dont le Médecin aura la direction. Elle fait défenses expresses aux Commissaires des guerres, aux Officiers de santé, aux Contrôleurs & Directeurs & généralement à tous autres, de faire servir le sol & les productions desdits jardins à d'autres usages qu'à la culture des plantes usuelles, journellement nécessaires au service de santé: l'Apothicaire en chef sera chargé du soin de la collection & de la culture de ces plantes, comme aussi de faire régulièrement chaque année, un petit cours de Botanique pour l'instruction particulière de ses surnuméraires & garçons, ainsi que pour celle des autres Officiers de santé qui desireront acquérir des connoissances dans cette partie.

22.° Sa Majesté charge expressément ses Inspecteurs-généraux-médecin & Commissaire, de donner au besoin les instructions les plus détaillées sur l'ordre, l'arrangement & l'approvisionnement des Pharmacies, sur les devoirs & fonctions des Officiers & autres Employés au service de santé, & généralement sur tous les points des différentes parties que ce service renferme. Enjoint Sa Majesté auxdits Officiers & Employés de s'y conformer ponctuellement, sous peine de perdre leurs places & emplois.

# SECTION XII.

## *De la réception des Malades, des Bleſſés & des Vénériens dans les Hôpitaux.*

### ARTICLE PREMIER.

TOUT bas Officier, Soldat, Cavalier, Dragon, partant de ſon Régiment pour entrer à l'Hôpital, ſera tenu d'être porteur d'un billet d'entrée contenant la deſcription ſommaire de ſa maladie ou de ſa bleſſure, & ſigné du Chirurgien-major de ſon Régiment: Sa Majeſté déclare nuls tous autres billets que ceux imprimés dans la forme preſcrite au préſent Code. Les Conſeils d'adminiſtration fourniront ces billets aux Chirurgiens-majors, perſonnellement reſponſables des erreurs qu'ils pourroient commettre à cet égard, de même que des frais & dépenſes qu'ils auroient occaſionnés, en envoyant aux Hôpitaux les Soldats attaqués de maladies ou bleſſures légères dont le traitement eſt à leur charge.

### 2.

LES billets d'entrée n'auront leur effet que ſur l'approbation des Médecins & Chirurgiens-majors des Hôpitaux, expreſſément tenus, chacun en ce qui le concerne, de faire un examen ſcrupuleux de la nature des maladies & des bleſſures. Lorſqu'ils auront reconnu qu'elles doivent être traitées dans l'Hôpital, ils écriront en gros caractère ſur chaque billet les noms des maladies diſtinguées en trois claſſes, & compriſes en trois mots ſous la dénomination de *Fiévreux*, *Bleſſés*, *Vénériens*. Chaque malade ſera placé ſans retard, dans la ſalle deſtinée au traitement de ſa maladie ; s'il arrivoit que la maladie ou la bleſſure ne fût point du genre de celles qui doivent être traitées dans les Hôpitaux, les Officiers de ſanté en feroient ſur le champ leur rapport au Commiſſaire des guerres chargé de la police, qui se conformera dans ce cas à la lettre de l'Ordonnance : Sa Majesté rendant personnellement responsables les Médecins & Chirurgiens-majors des Hôpitaux militaires & de charité à son compte, des méprises sur les réceptions & des abus résultans de leur inexactitude sur ce point.

3.

SA MAJESTÉ enjoint aux Commissaires des guerres & Subdélégués chargés de la police des Hôpitaux, de mettre leur *visa* sur les billets d'entrée qui auront été approuvés par les Médecins & les Chirurgiens-majors. Elle défend aux Directeurs des Hôpitaux, sous peine d'être punis de leur infidélité à cet égard, d'enregistrer aucun billet qui ne sera pas revêtu de toutes les formes prescrites : Elle leur enjoint d'être de la plus grande exactitude sur l'ordre des dates.

4.

TOUT bas Officier, Soldat, Cavalier, Dragon, éloigné de son Régiment, ou qui étant en route se trouvera malade, blessé, ou vénérien, est expressément tenu de présenter sa cartouche ou congé au Contrôleur de l'Hôpital où il se rendra. Le Contrôleur portera cette cartouche ou ce congé au Commissaire des guerres ou au Subdélégué chargé de la police, qui en vérifiera l'énoncé & les dates, & prendra en conséquence les renseignemens & les notes que le bon ordre & la police exigent. D'après cet examen le Commissaire ou Subdélégué autorisera le Médecin ou le Chirurgien-major, conformément à la nature de la maladie, à expédier un billet d'entrée selon la forme prescrite.

5.

LE Commissaire des guerres ou le Subdélégué chargé de la police, autorisera pareillement les Médecin & Chirurgien-major, à donner un billet d'entrée à tout bas Officier, Soldat,

Cavalier, Dragon, qui ſe préſentera à l'Hôpital & qui aura été reconnu par eux pour être malade, bleſſé ou vénérien, quand même il ne ſeroit pas muni d'un billet d'entrée & qu'il n'auroit ni cartouche ni autres pièces juſtificatives en bonne forme: mais le Commiſſaire ou le Subdélégué, en mettant ſon *viſa* ſur le billet d'entrée fourni audit Soldat, eſt expreſſément tenu de le conſigner au Sergent de garde qui en aura la ſurveillance & qui en répondra perſonnellement. Le Commiſſaire ou Subdélégué prendra le ſignalement dudit Soldat, ſes noms & ſurnoms, celui de ſon Régiment & de ſa compagnie, le lieu de ſa naiſſance & de la juridiction, & l'époque de ſon abſence du Régiment; il recevra enſuite la dépoſition dudit Soldat, faite en préſence des Médecin & Chirurgien-major & du Contrôleur; il formera du tout un procès-verbal qu'il fera ſigner par ledit Soldat & autres déſignés ci-deſſus, il l'adreſſera ſans délai au Secrétaire d'État de la guerre: le Commiſſaire ou Subdélégué en adreſſera pareillement copie au Conſeil d'adminiſtration du Régiment; ſi ce Conſeil dans ſa réponſe reconnoît le Soldat, Cavalier ou Dragon, pour être réellement du Corps, & la dépoſition qu'il aura faite conforme à la vérité, ledit Conſeil adreſſera au Commiſſaire des guerres ou Subdélégué une cartouche en bonne forme pour ledit Soldat, afin qu'à ſa ſortie de l'Hôpital il puiſſe rejoindre ſon Régiment ſans être arrêté dans ſa route: mais ſi ledit Conſeil ne reconnoiſſoit point ledit Soldat pour être du Corps, le Commiſſaire des guerres ou Subdélégué en rendra compte ſur le champ au Secrétaire d'État de la guerre, & joindra à ſon procès-verbal la réponſe dudit Conſeil. En attendant les ordres du Secrétaire d'État, ledit Soldat ſera conſigné & gardé à vue: Sa Majeſté enjoint en conſéquence aux Conſeils d'adminiſtration des différens Corps de ſes Troupes, d'être de la plus grande exactitude à répondre dans les cas dont il s'agit.

Veut pareillement Sa Majeſté que ſi le Soldat ſuſpect étoit

rétabli de sa maladie ou de sa blessure avant la réponse dudit Conseil d'administration, le Commissaire ou Subdélégué le fasse mettre en prison, & qu'il autorise le Directeur de l'Hôpital à lui expédier un billet de sortie conforme aux règles prescrites pour l'ordre & la comptabilité.

6.

TOUT Soldat, Cavalier ou Dragon qui se présentera à l'Hôpital avec un congé limité ou une cartouche expirés depuis long-temps, ou qui étant hors de la route qui conduit à son Régiment, sera porteur d'un billet de sortie d'Hôpital d'ancienne date, sera reçu d'après les formes ordonnées ci-dessus, pour être traité s'il est malade; mais si sa maladie n'étoit que simulée, le Contrôleur sur l'avis des Médecin & Chirurgien-major, le consignera à la garde de l'Hôpital pour en faire son rapport au Commissaire ou Subdélégué chargé de la police, qui procédera dans ce cas comme il est dit ci-dessus.

7.

LE Commissaire des guerres ou le Subdélégué, fera arrêter & constituera prisonnier tout Soldat, Cavalier ou Dragon qui se présentera à l'Hôpital sous de faux noms, avec de faux billets, ou une fausse cartouche, & qui fera présumer qu'il est libertin, vagabond ou déserteur.

8.

POUR prévenir les abus qui ont résulté d'enrôler indistinctement les hommes attaqués de maladies vénériennes, épileptiques, scrophuleuses, &c. Sa Majesté fait très-expresses défenses à tous Officiers & autres Commissionnés aux recrues, d'enrôler à l'avenir aucun Sujet pour servir dans ses Troupes en qualité de Soldat, Cavalier ou Dragon, qu'il n'ait été bien examiné & visité par des Officiers de santé connus, par des Chirurgiens-majors de Régimens, ou par un Maître en Chirurgie

Chirurgie des villes & lieux où se contracteront les engagemens. Sa Majesté rend responsables lesdits Officiers & autres Commissionnés aux recrues, & même les Conseils d'administration des Régimens, de tous les frais d'engagement & de traitemens, ainsi que des autres dépenses qui seront les suites de la transgression de ses ordres à ce sujet.

9.

PERMET Sa Majesté aux Officiers & autres Commissionnés aux recrues, d'envoyer dans ses Hôpitaux ceux desdits Soldats recrutés qui tomberont malades, après avoir passé la revue du Commissaire & non auparavant. Elle leur enjoint d'exprimer dans les billets, les dates des enrôlemens desdits Soldats qui auront passé la revue du Commissaire des guerres, de signer lesdits billets & d'y prendre le titre de Commissionnés aux recrues, par le Conseil d'administration de leurs Régimens.

10.

LES Commissaires des guerres & les Subdélégués chargés de la police, adresseront chaque mois au Conseil d'administration, un état particulier & distinct des Soldats de recrue, atteints de maladie vénérienne après avoir passé la revue, & qui seront traités dans les Hôpitaux: ces états seront signés par les Médecin & Chirurgien-major, tenus d'examiner scrupuleusement lesdits malades, afin de juger d'après connoissance de cause & par les progrès du mal, s'il est antérieur à l'engagement desdits Soldats. Cet examen & cette reconnoissance mettront le Conseil d'administration des Hôpitaux en état de prononcer avec certitude sur les frais de la guérison, aux dépens de qui il appartiendra.

11.

SA MAJESTÉ défend aux Conseils d'administration des Régimens, d'admettre dans leurs Corps respectifs, sous quelque prétexte que ce puisse être, aucun Soldat de recrue défectueux ou attaqué de maladie pulmonaire & autres désignées dans l'Ordonnance & dans le présent Code, à peine pour chaque Régiment de supporter en entier les frais d'engagement & du traitement desdits Soldats. Veut Sa Majesté qu'avant de les admettre, ils soient examinés par les Chirurgiens-majors des Régimens, & par les Médecins & Chirurgiens-majors des Hôpitaux, toutes les fois qu'il y en aura sur les lieux ou à la proximité.

12.

LES Cavaliers de Maréchaussée seront reçus dans les Hôpitaux sur un billet d'entrée signé de leur Prévôt ou de son Lieutenant.

13.

LES bas Officiers & Soldats des régimens de Grenadiers-royaux & provinciaux, y seront reçus pareillement sur un billet de leur Capitaine dûment signé, pendant le temps qu'ils seront assemblés ou employés, soit dans les Armées, soit à la garde des Places frontières, ou de l'intérieur du royaume: la même chose aura lieu pour les Garde-côtes en activité.

14.

LES Soldats morts par accident recevront la sépulture dans les Hôpitaux : mais les quarante sous accordés au Directeur & à l'Aumônier par chaque enterrement, seront à l'avenir au compte des Régimens, sans qu'il puisse être alloué aucune journée fictive à l'Entrepreneur dans le cas dont il s'agit: le Commissaire chargé de la police rendra un compte exact de ces morts par accident au Secrétaire d'État de la guerre.

15.

L'HUMANITÉ généreuse de Sa Majesté envers les Prisonniers de guerre malades ou blessés, veut qu'ils soient soignés

& traités dans ses Hôpitaux comme ses propres sujets; Elle ordonne à ses Généraux & à ses Commandans de les y envoyer avec les précautions convenables & sous l'escorte d'un Officier-major: à leur arrivée à l'Hôpital, le Commissaire des guerres dressera un état particulier, contenant les noms des régimens & des compagnies desdits Prisonniers, leurs noms de famille & de guerre, leurs qualités & le lieu de leur naissance, autant que faire se pourra; il signera cet état conjointement avec l'Officier-major, le Médecin, le Chirurgien & le Contrôleur de l'Hôpital: les deux Officiers de santé, chacun en ce qui les concerne, feront placer lesdits Prisonniers dans les salles affectées aux différentes espèces de maladies & de blessures; ils leur expédieront ensuite les billets d'entrée qui serviront de pièces comptables à l'Entrepreneur.

## 16.

Les Prisonniers à la garde du Prévôt de l'armée, seront admis dans les Hôpitaux toutes les fois que la nécessité l'exigera. Le Prévôt de l'armée fournira les billets d'entrée sur lesquels ils seront reçus: ces prisonniers seront consignés aux Sergens de garde & de planton qui en répondront personnellement. Le Commissaire chargé de la police de l'Hôpital, dressera un état circonstancié des malades de cette espèce, & il l'adressera au Secrétaire d'État de la guerre.

## 17.

En temps de guerre les Domestiques d'Officiers, les Charretiers, les Employés aux équipages d'Artillerie & des Vivres, seront reçus dans les Hôpitaux pour y être traités de leurs maladies, sur des billets d'entrée signés par le Commandant du Corps ou de la Place, ou par ceux qui sont à la tête des chariots & convois. Les uns & les autres sont tenus d'inscrire au dos de ces billets, leurs noms, leurs grades dans le Régiment, la Brigade ou l'Équipage auxquels ils sont attachés.

18.

COMME il n'eſt point de règles générales ſans exception, & que le Légiſlateur doit ſe conformer aux circonſtances, la réception des bleſſés dans les Hôpitaux ambulans, après une bataille, ne pouvant être obſervée conformément à ce qui eſt preſcrit ci-deſſus ; Sa Majeſté autoriſe les Commiſſaires des guerres, les Médecins, Chirurgiens-majors & Contrôleurs des Hôpitaux de ſes camps & armées, à procéder ſommairement à cette réception, en inſcrivant ſimplement le nom, le grade, le Régiment de chaque bleſſé, à meſure qu'il s'en préſentera pour y recevoir les premiers ſecours. Après le premier appareil, les Chirurgiens formeront un état indicatif de ceux deſdits bleſſés qu'ils jugeront pouvoir être tranſportés ſans danger & le plus tôt poſſible. Le Commiſſaire chargé de la police enverra un double de cet état au Commiſſaire de l'Hôpital dans lequel leſdits bleſſés devront être reçus; & cet état tiendra lieu pour le moment de billets d'entrée.

Ces formalités remplies, les Commiſſaires feront délivrer aux Contrôleurs & Directeurs le nombre des billets d'entrée relatif à celui des bleſſés, & ces billets ſerviront aux Directeurs pour conſtater le nombre effectif des journées deſdits bleſſés: après avoir ſatisfait aux premiers beſoins, les Commiſſaires des guerres, & les Contrôleurs des Hôpitaux feront un relevé des bleſſés de chaque Régiment, avec leurs noms & ſurnoms; ils en adreſſeront ſans délai une copie au Conſeil d'adminiſtration de chaque Corps, qui dépêchera un Officier-major pour vérifier & rectifier cet état en cas d'erreurs: cet Officier le ſignera conjointement avec le Commiſſaire des guerres qui le fera enregiſtrer enſuite par le Contrôleur & le Directeur de l'Hôpital.

19.

SA MAJESTÉ veut que les malades & bleſſés des différens

Corps de sa Maison, soient reçus dans les Hôpitaux comme Officiers, c'est-à-dire qu'ils ne soient point assujettis aux billets d'entrée & de sortie; & qu'en sortant desdits Hôpitaux, ils soient libres de payer à l'Entrepreneur, le prix des journées qu'ils y auront passées, selon les clauses de son marché, ou de lui donner un mandat payable par le Corps auquel ils seront attachés.

20.

LES linges à pansemens seront fournis par l'Entrepreneur ainsi que la charpie: Enjoint Sa Majesté au Chirurgien-major, de visiter les approvisionnemens qu'on en fera avant leur entrée dans le magasin; & au cas qu'il en trouve de mauvaise qualité, d'en donner avis au Commissaire des guerres qui les fera brûler en sa présence, & en dressera procès-verbal.

21.

ORDONNE Sa Majesté qu'au cas où l'Entrepreneur se trouvât manquer de linges à pansemens & de charpie dans le besoin, il soit condamné à une amende de quinze cents livres, qui sera prononcée par l'Intendant, sur le vu du procès-verbal qui en sera dressé par le Commissaire des guerres, & envoyé audit Intendant & au Secrétaire d'État de la guerre: Veut Sa Majesté audit cas que le Commissaire des guerres fasse acheter dans la ville ou lieux circonvoisins, ce qui sera nécessaire au service à quelque prix que ce soit, aux frais de l'Entrepreneur.

22.

LES bonnets & coiffes de nuit seront toujours à la charge des Entrepreneurs, & il y aura quatre coiffes par chaque bonnet pour pouvoir changer les malades ou blessés: le Commissaire des guerres se fera remettre l'état de l'approvisionnement en ce genre, qu'il fera augmenter par proportion des malades ou blessés qui y seront reçus; & fera de temps en temps la visite desdits bonnets & de leurs coiffes, pour supprimer ce qui sera hors de service & le remplacer.

23.

SOIT que la fourniture des chemises soit à la charge de l'Entrepreneur par son marché, soit que lesdites chemises soient fournies pour le compte du Roi, le Commissaire des guerres aura soin qu'il y en ait toujours quatre pour chaque malade ou blessé, afin de les entretenir dans l'état de la plus grande propreté.

24.

LE blanchissage de tous les linges, coiffes & chemises, sera toujours à la charge de l'Entrepreneur, obligé de mettre à part & de faire lessiver séparément, tout ce qui aura servi à l'usage des malades attaqués de gales compliquées & de maux vénériens; il fera de même lessiver par un blanchissage séparé, tous les linges à pansemens ou destinés à faire de la charpie.

25.

L'ENTREPRENEUR fournira & entretiendra dans chaque salle, des capotes ou robes-de-chambre de drap, à raison d'une pour dix malades, & le Commissaire des guerres les fera renouveler quand elles seront hors de service.

## SECTION XIII.

### *Des Alimens & de leur distribution.*

ARTICLE PREMIER.

SA MAJESTÉ étant informée que l'usage du bouillon gras & des substances animales, est dangereux dans les maladies aiguës & inflammatoires, dans les fièvres putrides, malignes, scorbutiques & dyssenteriques; Elle ordonne à l'Entrepreneur ou Directeur de chaque Hôpital, d'avoir tous les jours deux marmites, dont l'une sera spécialement destinée à la préparation des bouillons maigres: ces bouillons seront préparés avec de l'eau pure, du bon beurre, des herbes & des légumes récens; lesdits bouillons cuits avec soin, seront assaisonnés selon les circonstances, avec le citron, l'orange douce ou amère, le verjus, le vinaigre, le vin blanc, conformément aux instructions particulières des Médecins & Chirurgiens-majors; on assaisonnera de même les gruaux d'orge, d'avoine & les crèmes de riz quand ils seront ordonnés.

2.

ORDONNE pareillement Sa Majesté audit Entrepreneur, de fournir la tisane commune pour les boissons ordinaires, de la panade, du lait, des pruneaux, dans tous les cas où ces alimens auront été prescrits, attendu que lesdites denrées ne font point partie de la portion ordinaire des malades qui sont dans le cas d'un régime mixte, animal & végétal.

3.

SA MAJESTÉ enjoint aux Commissaires des guerres & Subdélégués chargés de la police, de passer à l'Entrepreneur ou Directeur, le même prix de la journée pour les malades qui seront uniquement au régime végétal, que celui qui sera fixé pour les malades & les convalescens à l'usage des bouillons gras, de la viande, &c.

4.

LA portion d'alimens pour chaque malade à l'usage du gras seulement, sera par jour d'une livre de viande poids de marc, deux tiers de bœuf & un tiers de veau ou de mouton; & cette livre cuite & sans os reviendra à dix onces: Sa Majesté ne voulant pas qu'à l'avenir la quantité & la qualité du pain dépendent du choix arbitraire de ses Officiers de santé,

Elle fixe irrévocablement la portion de pain à vingt-quatre onces, auſſi poids de marc : ce pain ſera fait de pur froment, ſa qualité ſera entre le bis & le blanc ; il doit être bien travaillé, bien fermenté & bien cuit. La portion de vin ſera d'une chopine meſure de Paris ; l'Entrepreneur fournira du vin rouge par préférence au vin blanc, ainſi que le ſel, le vinaigre & les œufs qui ſeront jugés néceſſaires.

## 5.

A l'égard des Officiers & des Cadets-gentilshommes, il leur ſera fourni une portion double, & leurs alimens ſeront préparés d'une manière conforme à leur état, & ſelon les ordonnances des Officiers de ſanté, qui cependant auront égard au prix des denrées & à la qualité de celles que le pays produit dans le lieu où chaque Hôpital ſera ſitué.

## 6.

La viande deſtinée pour l'Hôpital, ſera belle, bien ſaignée & de bonne qualité, ſans qu'il puiſſe y être admis des têtes, cœurs, freſſures & pieds ; elle ſera examinée chaque jour par le Contrôleur lors de la livraiſon, & au cas qu'il la trouve défectueuſe, il en avertira ſur le champ le Commiſſaire des guerres ou celui qui en ſera les fonctions ; dans ce cas ledit Commiſſaire en dreſſera procès-verbal, fera diſtribuer ladite viande aux pauvres ſi elle peut être conſommée ſans danger ; & dans le cas contraire, la fera enterrer en préſence de témoins, & en fera acheter d'autre de la meilleure qualité, dans les boucheries de la ville, aux frais de l'Entrepreneur, & condamnera le Boucher qui aura fourni la mauvaiſe, à la perte du prix d'icelle & en une amende de vingt livres pour la première fois, applicable aux pauvres du lieu ; en cas de récidive ladite amende ſera de cinquante livres, & il ſera enjoint à l'Entrepreneur de prendre un autre Boucher.

7. Les

7.

LES pesées de la viande du matin & du soir, seront faites en présence du Contrôleur; l'une & l'autre seront proportionnées au nombre exact des Malades, Blessés, Vénériens, Infirmiers, Employés, garçons Chirurgiens & Apothicaires, qui doivent être nourris dans l'Hôpital, à raison d'une demi - livre pour chacun, par chaque pesée; observant scrupuleusement de les augmenter ou de les diminuer, eu égard au nombre de ceux qui seront entrés ou sortis: la pesée étant faite, la viande sera mise dans un lieu fermant à deux clefs différentes; le Contrôleur en gardera toujours une par-devers lui, & l'autre sera donnée au Sergent de planton; l'un & l'autre à l'heure accoutumée, se trouveront présens pour faire ouverture du lieu où ladite viande aura été déposée, elle en sera tirée & mise dans la marmite devant eux; elle sera fermée ensuite avec une grille & un cadenas, dont ledit Sergent remettra la clé à la Sentinelle de la cuisine, & lui consignera de la garder jusqu'à cuisson parfaite.

8.

S'IL arrivoit qu'à l'heure de la pesée, le Boucher n'eût pas pris ses précautions pour fournir autant de viande qu'il seroit nécessaire, il en sera acheté de la plus belle, dans les boucheries de la ville, aux frais de l'Entrepreneur; & le Boucher sera condamné par le Commissaire des guerres, en dix livres d'amende applicable comme dessus.

9.

LE pain sera de pur froment & de bonne qualité; on rejettera celui qui se trouvera trop peu cuit, lourd ou brûlé; & au cas qu'il soit mêlé de seigle ou autre grain, le Contrôleur est expressément tenu d'en avertir sans délai le Commissaire des guerres qui, d'après l'examen, en dressera procès-verbal, en fera fournir d'autre aux frais de l'Entrepreneur, fera emprisonner le Boulanger, & condamnera l'Entrepreneur ou Directeur en cent livres d'amende, sauf plus grande peine en cas de récidive.

10.

LES vins rouges & blancs seront du pays & de bonne qualité: Sa Majesté veut, autant qu'il sera possible, que ses Officiers de santé préfèrent le vin rouge au blanc dans l'usage journalier; l'un & l'autre doivent être vieux, & si l'on n'en pouvoit fournir que de la dernière recolte, on ne commenceroit à en faire usage qu'au 1.er Avril suivant.

11.

DANS les pays qui ne produisent point de vin, il y sera suppléé par l'usage de la bière qu'il sera permis aux Entrepreneurs de fournir par une clause expresse de leur marché; cette permission ne leur sera accordée que sous la condition de fournir de la demi-bière de la meilleure qualité, & de donner aux malades ou blessés du vin rouge vieux, comme remède ou potion cordiale, toutes les fois qu'il en sera ordonné par le Médecin ou Chirurgien-major.

12.

LES caves, celliers & magasins de l'Entrepreneur seront visités deux fois par mois par le Commissaire des guerres, assisté des Médecin, Chirurgien-major & Contrôleur; ces visites se feront à des jours imprévus; au cas qu'il s'y trouve du vin défectueux, gâté ou sophistiqué, le Commissaire des guerres gardera par-devers lui deux bouteilles du vin reconnu mauvais, il les fera sceller du cachet du Directeur, tenu de lui déclarer le nom & la résidence de son Fournisseur; ensuite le Commissaire des guerres fera sortir des caves & celliers le vin défectueux & le fera répandre dans la cour de l'Hôpital, & il obligera l'Entrepreneur à le remplacer par d'autre de qualité requiſe: il en ſera uſé de même à l'égard de la bière.

13.

Le Commiſſaire des guerres ſera analyſer avec le plus grand ſoin le vin ſophiſtiqué, en préſence de l'Entrepreneur ou du Directeur, par les trois Officiers de ſanté de l'Hôpital & par deux des maîtres Apothicaires du lieu, les plus inſtruits; il dreſſera un procès-verbal de leur examen & de leur rapport; il en fera deux expéditions, dont l'une ſera adreſſée au Conſeil d'adminiſtration des Hôpitaux, & l'autre à l'Intendant de la généralité.

14.

L'heure de la diſtribution des alimens, ſera fixée dans chaque Hôpital à dix heures du matin pour le dîner, & à quatre ou cinq heures du ſoir pour le ſouper; laiſſant néanmoins Sa Majeſté au Commiſſaire des guerres, la liberté de changer quelque choſe à cette fixation, de concert avec les Officiers de ſanté.

15.

La viande étant cuite vers l'heure fixée pour la diſtribution, elle ſera coupée par portion en préſence du Contrôleur & du Sergent de planton qui ſera appelé à cet effet; il en ſera uſé de même pour les portions de pain & de vin. Le Contrôleur goûtera le bouillon pour connoître s'il eſt bon, ainſi que le pain, la viande & le vin, & s'il y trouve quelque choſe de défectueux, il en avertira ſur le champ le Commiſſaire des guerres afin qu'il y faſſe remédier.

16.

Le Médecin ou le Chirurgien-major aſſiſteront alternativement, ſoit dans la cuiſine, ſoit dans les ſalles, à la diſtribution des portions; ils goûteront les alimens pour s'aſſurer de leur bonne qualité : le Commiſſaire s'en aſſurera de même auſſi ſouvent que ſes fonctions pourront le lui permettre.

17.

Les portions ſeront portées & diſtribuées dans les ſalles par les Infirmiers, chacun dans leurs quartiers ; il y aura toujours un garçon Chirurgien préſent à la diſtribution des alimens, lequel tiendra la main à ce que chaque malade ou bleſſé ait ce qui lui aura été ordonné ; obſervant d'interdire l'uſage des alimens ſolides à ceux à qui la fièvre ſeroit ſurvenue depuis la viſite du Médecin ou Chirurgien-major.

18.

Les malades à la diète devant avoir trois ou quatre bouillons par jour, ſuivant les ordonnances du Médecin ou du Chirurgien-major, le Contrôleur veillera à ce qu'ils leur ſoient exactement fournis ; & il fera fournir avec la même exactitude les œufs, panade, bouillie, riz, pruneaux, lait & tiſane à ceux auxquels ils auront été preſcrits pour régime.

19.

Le Commiſſaire des guerres, aſſiſté du Contrôleur, fera au moins une fois par mois & ſans être attendu, la viſite des balances, des poids & meſures ſervant à la diſtribution des alimens; & ſi leſdits poids, meſures & balances ne ſe trouvent pas conformes aux Ordonnances, le Commiſſaire les fera briſer en ſa préſence, & en fera établir d'autres aux frais de l'Entrepreneur : il en dreſſera ſur le champ un procès-verbal qu'il fera ſigner par le Contrôleur préſent, par des témoins, au moins au nombre de deux & par le Directeur ; en cas de refus de la part de ce dernier, il en ſera fait mention.

20.

Le Commiſſaire des guerres fera deux expéditions du procès-verbal ci-deſſus qu'il adreſſera ſur le champ, l'une au Conſeil d'administration des Hôpitaux, l'autre à l'Intendant de la province. Veut Sa Majesté que sur le vu dudit procès-verbal, les Directeurs, Entrepreneurs & leurs Commis coupables, soient condamnés solidairement par l'Intendant du département, en une amende de quinze cents livres applicables moitié au dénonciateur, s'il y en a, & l'autre moitié ou la totalité, en cas qu'il n'y ait pas de dénonciateur, à l'Hôpital du lieu ou autre plus prochain, s'il n'y en a point dans le lieu; & qu'en cas de récidive les coupables soient mis dans les prisons pour leur être fait extraordinairement leur procès, & être condamnés par ledit Intendant, aux galères pour neuf ans: & sera le dénonciateur payé de la moitié de l'amende en déduction de ce qui sera dû à l'Entrepreneur, sur le certificat du Commissaire des guerres, portant que la fausseté des poids & mesures a été reconnue sur sa dénonciation.

## 21.

DÉFEND Sa Majesté dans ses Hôpitaux, l'usage des romaines pour peser la viande & autres alimens des malades ou blessés: Veut & entend que toutes pesées de quelque espèce que ce soit, ne puissent être faites qu'avec des balances à plateaux bien éprouvées, en présence du Commissaire des guerres & avec des poids de marc dûement étalonnés.

## 22.

IL ne sera fait aucun envoi de malades ou blessés d'un Hôpital dans un autre, que préalablement le Commissaire des guerres & le Contrôleur de l'Hôpital où les malades & les blessés devront passer, n'en aient été avertis; en observant de leur donner un temps suffisant afin qu'ils puissent faire préparer tout ce qui est nécessaire pour les recevoir: dans ce cas, la journée desdits malades ou blessés étant payée à l'Entrepreneur de l'Hôpital où ils sont envoyés, ledit Entrepreneur qui en sera averti, si le chemin est de cinq lieues ou plus, fera établir vers le milieu de la route des marmites, & y fera porter du pain, du vin ou de la bière pour y fournir des bouillons & autres alimens aux malades ou blessés. Il y fera trouver des Chirurgiens & Infirmiers auxquels ils seront remis avant ou après la halte, par les Chirurgiens & Infirmiers qui les auront conduits jusque-là.

## SECTION XIV.

### *De l'évacuation d'un Hôpital sédentaire & du transport des Malades & Blessés.*

ARTICLE PREMIER.

LORSQUE les circonstances nécessiteront l'évacuation d'une partie des malades qui surchargent un Hôpital sédentaire, le Commissaire chargé de la police & les Officiers de santé y procéderont avec la participation du Commissaire-ordonnateur, afin de prendre de concert, les mesures les plus convenables au bien de la chose. Si ce concours n'étoit pas possible dans un besoin pressant, le Médecin & le Chirurgien-major formeront conjointement un état des malades qu'ils jugeront pouvoir être transportés sans danger; ils certifieront cet état & le remettront au Commissaire chargé de la police, qui le visera & le fera signer par le Contrôleur; d'après cet état on délivrera au Directeur les billets de sortie pour les malades à transporter, & l'on pourvoira sans délai au nombre de voitures & de chevaux nécessaires à ceux que les Médecins & Chirurgiens-majors auront désignés comme hors d'état de faire la route à pied. Le Commissaire des guerres remettra au Conducteur principal de ce convoi, un double de l'état ci-dessus, & dès que le Conducteur sera arrivé à sa destination, il remettra cet état au Commissaire chargé de la police de l'Hôpital qui recevra ces malades: le nombre des Chirurgiens & des

Infirmiers, sera proportionné à celui des malades & aux besoins des circonstances.

2.

LORSQU'À la suite d'une action il s'agira de transporter les blessés, Sa Majesté veut qu'ils soient transportés sur des paillasses garnies, dans des charrettes rembourées par le fond & les côtés, & couvertes d'une forte toile, soutenue par des cerceaux; à cet effet Elle enjoint à l'Intendant de l'Armée, de pourvoir d'avance à l'approvisionnement desdites toiles. Si pendant la route il se trouvoit quelques blessés qui ne pussent être transportés à leur destination sans un danger imminent, le Conducteur les déposera dans les maisons qu'il trouvera sur son passage; ils y seront secourus par le premier Chirurgien du convoi, jusqu'à ce que le Commissaire chargé de l'Hôpital ambulant, y ait autrement pourvu.

## SECTION XV.

### *De la sortie des Soldats guéris dans les Hôpitaux.*

ARTICLE PREMIER.

AUCUN Soldat, Cavalier ou Dragon convalescent, ne pourra sortir de l'Hôpital pour rejoindre son Régiment, qu'il ne lui ait été expédié un billet de sortie, conforme au modèle annexé au présent Code, & signé tant des Officiers de santé que du Commissaire des guerres & du Contrôleur.

2.

POUR remédier à l'avenir au retard que mettent les Soldats sortis de l'Hôpital, à rejoindre leurs Corps respectifs, ainsi qu'aux désordres qu'ils pourroient commettre dans la route, Sa Majesté ordonne aux Commissaires des guerres de chaque Hôpital, de remettre aux Soldats sortant, avec les deux sous par lieue, une route remplie & directe jusqu'au domicile du Commissaire ou du Subdélégué le plus voisin du point de départ, auquel le Soldat qui en sera porteur présentera ladite route pour la faire continuer & recevoir de sa part les deux sous par lieue, & ainsi de suite, de résidence en résidence de Commissaires ou Subdélégués jusqu'à son arrivée au Régiment. Les Commissaires des guerres & les Subdélégués, feront conduire par la Maréchaussée, ceux desdits convalescens & tous autres Soldats qui se seront détournés de leur route, ou qui se seront arrêtés assez long-temps sans motif légitime, pour être soupçonnés de paresse, de libertinage ou d'envie de déserter; il est enjoint aux Commissaires des guerres & aux Subdélégués de faire des notes sur les désordres qu'ils auront vérifiés de leur part, & de les envoyer aux Conseils d'administration des Régimens: il en sera usé de même à l'égard des traîneurs qui, pour éviter la peine de leurs retards volontaires, prétexteront avoir perdu leur route, afin de cacher leur marche & leur conduite.

## SECTION XVI.

### *De l'Habillement, Équipement, Armement & autres Effets personnels, déposés par les Soldats entrant dans les Hôpitaux.*

#### ARTICLE PREMIER.

LE Directeur & le Contrôleur tiendront chacun un registre exact & en toutes lettres, de l'habillement, de l'équipement, de l'armement, de l'argent & de tous les effets personnels que les malades, blessés & vénériens, déposeront à leur entrée à l'Hôpital dans le magasin du Directeur, où ils resteront à sa charge jusqu'à ce qu'il les rende auxdits malades, dans les mêmes état & qualité qu'il les aura reçus.

2. LE

2.

LES Soldats, Cavaliers ou Dragons entrant à l'Hôpital, ne garderont par-devers eux qu'une veste, une culotte, deux paires de bas & une paire de souliers; l'Entrepreneur étant tenu de leur fournir les chemises, bonnets, coiffes à bonnets & robes-de-chambre qui leur sont nécessaires : les habits uniformes seront déposés au magasin, & le Directeur ne les rendra aux Soldats que lorsqu'ils auront été désignés par les Médecins & Chirurgiens-majors, pour passer dans la salle des convalescens.

## SECTION XVII.

### *Des Lits & Fournitures.*

ARTICLE PREMIER.

TOUS les lits des Hôpitaux seront numérotés; les bois de lits & les fournitures de toute espèce auront les dimensions, le poids, les qualités convenus dans le marché de l'Entrepreneur : le Commissaire-ordonnateur ou Principal de chaque généralité, en formera un état général dont il délivrera des extraits aux Commissaires des guerres & Subdélégués chargés de la police des Hôpitaux de son département; ceux-ci en donneront connoissance aux Médecins, Chirurgiens-majors & Contrôleurs, afin que chacun d'eux puisse veiller à ce que l'Entrepreneur exécute fidèlement ses conventions.

2.

L'USAGE des demi-fournitures n'aura lieu dans les Hôpitaux que pour ceux qui seront établis en temps de guerre, dans chacun desquels cependant il sera remis un nombre de fournitures complètes pour les blessés de grandes blessures, ou pour les malades attaqués de maladies graves & contagieuses.

3.

L'ENTREPRENEUR des lits fera laver les couvertures & les bois de lit tous les six mois, & fera rebattre les matelas aussi souvent qu'il sera nécessaire : la paille des paillasses sera renouvelée tous les six mois pour les lits servans aux convalescens, & tous les trois mois pour ceux des malades.

4.

IL sera fourni trois paires de draps pour chaque fourniture complète, & trois draps pour chaque demi-fourniture destinée au service des Hôpitaux, afin que les malades & blessés puissent être changés lorsqu'ils en auront besoin, d'après l'ordonnance des Médecins & Chirurgiens-majors.

5.

LORS de la livraison des fournitures ou demi-fournitures, le Commissaire des guerres ou le Contrôleur en son absence, fera auner les draps & peser les matelas & traversins pour connoître s'ils sont de la même mesure & du poids ordonné; & en cas qu'il les trouve défectueux, ou que le nombre ne soit pas complet, il en dressera procès-verbal qu'il enverra sur le champ au Conseil d'administration & à l'Intendant du département, afin qu'il y soit pourvu. Il en sera usé de même lorsque les matelas seront rebattus, ou dans le cas de renouvellement des fournitures & demi-fournitures.

6.

LE blanchissage des draps fournis par l'Entrepreneur des lits ou par le Roi, sera à la charge de l'Entrepreneur de l'Hôpital, auquel ils seront remis sur son récépissé, pour être par lui représentés en même nombre à l'expiration de son marché, ou toutes les fois qu'il en sera requis. Pourra ledit Entrepreneur de l'Hôpital remettre de trois en trois mois, en présence & du consentement du Commissaire des guerres, ou du Médecin en son absence, les draps hors d'état de servir, desquels il demeurera déchargé, & il sera pourvu au remplacement.

7.

ENJOINT très-expressément Sa Majesté aux Commissaires des guerres, aux Contrôleurs, & généralement à tous les Officiers de ses Hôpitaux, de ne point souffrir qu'aucun malade ou blessé soit mis dans le lit d'un mort avant que les draps & la paille en aient été changés.

8.

ENJOINT pareillement Sa Majesté aux Commissaires des guerres, aux Contrôleurs, & à tous autres Officiers de ses Hôpitaux, d'empêcher les malades ou blessés de coucher sur leurs lits avec leurs souliers; ce qui détruit les fournitues & entretient la malpropreté.

## SECTION XVIII.

## *De la distribution des Malades dans les Salles, & des moyens de Salubrité à y employer.*

### ARTICLE PREMIER.

SA MAJESTÉ étant informée que la distribution régulière des malades dans les salles des Hôpitaux est trop négligée, & voulant y pourvoir, Elle enjoint à tous les Officiers de santé employés à son service, de se conformer à l'avenir aux dispositions suivantes, toutes les fois que l'emplacement & la distribution des salles le permettront.

1.° Les Médecins & Chirurgiens-majors auront le plus grand soin de séparer des autres malades, tous ceux qui seront attaqués de quelques maladies aiguës ou contagieuses ; comme petite vérole, fièvre maligne d'Hôpital, dyssenterie épidémique: ces sortes de malades devant être mis dans des endroits reculés, les Infirmiers qui les servent, n'auront aucune sorte de communication avec les autres malades.

2.° Les gales compliquées étant des maladies communicatives par contact, les malades qui en seront attaqués seront placés dans une salle distincte : il est expressément défendu à tous autres malades ou convalescens d'y entrer sous quelque prétexte que ce soit, à peine de punition.

3.° Dans les grands Hôpitaux, où les salles sont nombreuses, on en destinera une particulière pour les scorbutiques, les dartreux, & pour ceux attaqués de maladies gangréneuses & cancéreuses.

4.° Lorsqu'il régnera une épidémie fébrile, dyssentérique, exanthématique ou autre de même nature; Sa Majesté veut que ceux qui en seront attaqués, soient séparés de tous autres malades: sans cette précaution on risqueroit de voir la maladie régnante infecter de proche en proche tout l'Hôpital.

2.

LA sagacité des Médecins des Hôpitaux n'a pas manqué de leur faire connoître combien il seroit avantageux d'y séparer ou du moins d'éloigner le plus qu'il seroit possible, les unes des autres les différentes classes de maladies, telles par exemple que les fièvres intermittentes & les continues simples; les fièvres inflammatoires & les inflammations locales; les maladies évacuatives des premières voies; les différentes espèces de cachexies, &c. Veut Sa Majesté qu'à l'avenir les Médecins de ses Hôpitaux rendent compte à l'Inspecteur-général-médecin du nombre des salles de chaque hôpital, & de celui des lits qu'elles contiennent, afin qu'il puisse se concerter avec eux sur les distributions à faire des différens genres de malades dans les différentes classes énoncées ci-dessus. À l'égard des blessés &

des vénériens, ils continueront d'être traités séparément dans des salles uniquement destinées à cet usage, & les Chirurgiens-majors des Hôpitaux rendront compte à l'Inspecteur-général-médecin, des dispositions & des arrangemens qui leur paroîtront les plus favorables à la facilité du service.

3.

LES précautions nécessaires énoncées dans l'article précédent, seroient peut-être d'un foible avantage pour la plupart des malades & blessés, si l'on n'employoit en même temps les moyens capables de renouveler l'air des salles, d'y entretenir la propreté & la salubrité; c'est par-là qu'on peut prévenir ou corriger la corruption si familière aux Hôpitaux. Pour procurer ces effets salutaires, Sa Majesté ordonne aux Commissaires des guerres qui en ont la police, de même qu'aux Médecins & Chirurgiens-majors, de prévenir l'engorgement des salles par un trop grand nombre de malades ou blessés, d'en faire ouvrir les croisées plusieurs fois le jour à des heures convenables, suivant les saisons, les températures & les vents; de faire pratiquer dans les salles des issues à l'air, des ventouses & des ventilateurs; de faire parfumer lesdites salles & d'y multiplier les fumigations aussi souvent que les circonstances paroîtront l'exiger; & finalement d'éloigner de l'intérieur & de l'enceinte des Hôpitaux, tout ce qui pourroit les rendre mal-propres & mal-sains; l'expérience de tous les temps ayant appris que la propreté est un des points les plus essentiels de leur police & une condition sans laquelle la salubrité ne sauroit avoir lieu.

4.

DANS les Hôpitaux fixes & sédentaires, le Commissaire des guerres donnera ses ordres pour faire blanchir les salles, les portes & lambris avec de la chaux vive, au commencement du printemps, afin d'y entretenir la propreté & de détruire les insectes: il en sera usé de même, autant que la chose sera possible, lors de l'établissement des Hôpitaux que le service des Armées exige en temps de guerre.

5.

Aux approches de l'hiver, le Commissaire sera visiter & mettre en état les poëles & fourneaux servant à chauffer les salles des malades, sans attendre qu'il fasse froid; il obligera en conséquence l'Entrepreneur ou le Directeur de faire à l'avance une suffisante provision de bois.

6.

Le feu commencera à être allumé dans les salles au jour qui sera fixé par les Officiers de santé; c'est à eux seuls qu'il appartient de régler la température ou le degré de chaleur nécessaire aux malades; le feu cessera pareillement au jour ordonné de la même manière, & le Contrôleur aura soin de tenir la main à l'exécution du présent article.

7.

Les lampes seront allumées par les Infirmiers une demi-heure avant la nuit, & tant qu'elle durera, ces lampes seront entretenues de l'huile qui sera fournie à cet effet par l'Entrepreneur. Le Commissaire des guerres & les Officiers de santé ordonneront le nombre de lumières qu'ils jugeront nécessaires, & le Contrôleur veillera à l'exécution de leurs ordres.

8.

Le Contrôleur sera tenir les cuisines, la boulangerie & autres endroits de l'Hôpital dans un état habituel de propreté; il ordonnera aux Cuisiniers de laver les tables où se coupe la viande des malades deux fois par jour avec de l'eau bouillante; il en sera de même des balances sur lesquelles on la pèse. Sa Majesté considérant les accidens nombreux & terribles produits par l'usage du cuivre & de l'étain, veut qu'ils soient bannis des

Hôpitaux, à commencer du 1.er Janvier 1781, pour la préparation des alimens, des boiſſons & des remèdes, & qu'on y ſubſtitue des uſtenſiles de fer battu, étamé, dont le prix eſt moins conſidérable & dont l'uſage ne peut nuire.

9.

LE Contrôleur ne ſouffrira aucunes armes aux malades ou bleſſés, ni poudre à tirer dans les ſalles de l'Hôpital; ſi quelques Soldats ſe trouvoient en avoir qui leur appartinſſent, elles ſeront confiſquées au profit des pauvres du lieu, ou s'ils portoient ſur eux de la poudre à tirer, ils ſeront ſévèrement punis à leur ſortie de l'Hôpital.

10.

LES Soldats qui ayant eu la permiſſion de ſortir, apporteront à leurs camarades des boiſſons & des alimens de quelque eſpèce que ce puiſſe être, & ceux des malades ou bleſſés qui vendront leur portion à d'autres, ſeront punis par le Commiſſaire des guerres.

11.

TOUT Bourgeois & particulier qui ſera ſurpris en jetant ou en introduiſant des alimens ou des boiſſons dans l'enceinte d'un Hôpital, ſera conduit chez l'Officier commandant dans la Place, qui le fera mettre en priſon. Le Commandant en informera ſur le champ les Officiers municipaux qui ne pourront le faire élargir qu'après une détention de dix jours.

12.

TOUS les Officiers de ſanté tiendront exactement la main à ce que les convaleſcens ne fument ni dans leur lit ni dans les ſalles, à peine de châtiment, ſauf auxdits convaleſcens à aller fumer dans les lieux indiqués à cet effet : Enjoint pareillement Sa Majeſté à tous Officiers de ſes Hôpitaux, d'empêcher les malades ou blessés de jouer dans les salles à aucunes sortes de jeux qui puissent faire du bruit ou exciter des disputes & des querelles; Elle veut que l'argent qui se trouvera devant les joueurs soit saisi & distribué sur le champ aux pauvres.

13.

FAIT Sa Majesté défenses à tout malade ou blessé, d'entrer dans les Bureaux, Apothicairerie, Magasins, Cuisine, Boucherie, Panneterie, Cave & autres lieux où leur présence n'est pas nécessaire, & d'y troubler le service, à peine de punition.

14.

LORSQU'IL y aura deux portes d'entrée dans un Hôpital, il n'en sera laissé qu'une ouverte avec une barrière à laquelle l'Entrepreneur mettra un Commis ou Portier à ses frais, à l'effet de ne laisser entrer aucune femme dans l'Hôpital, & de n'en laisser sortir aucun malade convalescent ou infirmier, sans un billet signé d'un Officier de l'Hôpital; comme aussi de ne permettre l'entrée d'aucunes denrées, boissons, fruits ou alimens, que ceux qui seront introduits par l'Entrepreneur pour le service, ou par les Officiers dudit Hôpital pour leur consommation particulière: Il sera permis audit Portier de fouiller les gens qui lui paroîtront suspects, tant à l'entrée qu'à la sortie de l'Hôpital, pour être les choses qui appartiendront à l'Entrepreneur à lui rendues, & les autres prises en contravention confisquées au profit dudit Portier, auquel la Sentinelle & la garde de l'Hôpital prêteront main-forte quand il le requerra.

SECTION XIX.

# SECTION XIX.

## *Des visites que les Médecins & Chirurgiens-majors doivent faire journellement aux Malades, Blessés & Vénériens, & des pansemens & opérations qui auront lieu dans les Hôpitaux militaires & de charité au compte du Roi.*

ARTICLE PREMIER.

LE sort des malades & blessés dépendant essentiellement des secours & des moyens curatifs que les Médecins & Chirurgiens-majors prescrivent dans leurs visites, Sa Majesté espère que les sentimens d'humanité qui caractérisent ces Officiers de santé, leur feront apporter l'attention, le zèle & les soins nécessaires dans l'exercice de cette partie délicate de leurs fonctions: Elle ordonne aux Médecins surnuméraires, aux Chirurgiens en sous-ordre & à tous autres Employés servans, d'y remplir fidèlement & aux heures prescrites, tous les devoirs dont ils sont chargés.

2.

LES premiers garçons Chirurgiens & Apothicaires, seront tenus à l'avenir d'écrire sous la dictée des Médecins & Chirurgiens-majors, les ordonnances & prescriptions concernant le régime: Veut Sa Majesté que dans les cas d'erreurs commises à ce sujet, ou d'infidélités dans l'exécution desdites ordonnances par ces premiers garçons Chirurgiens ou Apothicaires, ils soient dépouillés de leur grade de premiers Garçons, & même renvoyés sur le champ de l'Hôpital, si l'erreur étoit dangereuse, le délit grave & sa preuve complète.

3.

POUR prévenir les méprises & les erreurs en ce genre, Sa

Majesté enjoint aux Médecins & Chirurgiens-majors, de dicter d'une manière bien intelligible, leurs ordonnances & prescriptions, de les répéter lorsque lesdits Garçons ne les auront pas bien entendues ou bien comprises; ces ordonnances & prescriptions devant être écrites en toutes lettres, sans abréviation ni caractères chimiques.

4.

LE Médecin dans le cours de sa visite, exigera du premier garçon Apothicaire, un compte exact de l'effet des remèdes internes qu'il aura administrés aux malades, & de toutes autres circonstances particulières; le premier garçon Chirurgien lui rendra le même compte de l'effet des topiques & autres applications: il lui fera pareillement rapport des crises qu'il aura remarquées, des changemens survenus dans l'état des malades pendant l'intervalle des deux visites, & de toutes les autres observations qu'il aura été à portée de faire, & dont le Médecin doit avoir connoissance.

Le Chirurgien-major se fera faire chaque jour, les mêmes rapports par les garçons Chirurgiens & Apothicaires, relativement à la partie qui concerne les blessés & les vénériens: Sa Majesté entend que l'assiduité, le zèle, la capacité & l'intelligence desdits premiers Garçons qui feront ces rapports à leurs Chefs, soient autant de motifs favorables à leur avancement.

5.

ENTEND pareillement Sa Majesté qu'indépendamment des deux visites ordinaires pour les malades & blessés, les Médecins & Chirurgiens-majors en fassent d'autres toutes les fois que la gravité des maladies ou des blessures l'exigera; en conséquence, Elle ordonne au garçon Chirurgien de garde, dans tous les cas graves & périlleux, de faire avertir les Officiers de santé, pour qu'ils se rendent à l'Hôpital sans délai, à l'effet de donner à ces malades & blessés, tous les secours dont l'application différée pourroit entraîner des suites funestes.

6.

DEUX heures après les visites ordinaires, le premier garçon Chirurgien ayant son cahier à la main, parcourra toutes les salles des malades & blessés, afin de s'assurer si tout ce qui a été prescrit dans ces visites est ponctuellement exécuté; s'il s'apercevoit de quelques omissions ou de quelques erreurs commises dans ce qui concerne les remèdes, les secours de la Chirurgie & la diète, il y fera pourvoir sur le champ.

7.

DÉFEND Sa Majesté aux premiers garçons Chirurgiens & Apothicaires de ses Hôpitaux, de se prévaloir de leur droit d'ancienneté, pour se soustraire aux devoirs & fonctions auxquels les autres garçons sont ou seront assujettis, tant par les dispositions qui les concernent dans le présent Code, que par les instructions particulières de l'Inspecteur-général-médecin.

8.

LES Chirurgiens-majors auront soin que les garçons qui les assistent dans le cours des pansemens journaliers, s'acquittent ponctuellement de leurs devoirs; & si par la négligence desdits garçons, les appareils nécessaires n'étoient pas prêts à l'heure des pansemens, ils en feront leur rapport aux principaux Officiers de l'Hôpital, qui prononceront sur la punition encourue. Les Chirurgiens-majors sont expressément tenus de panser toutes les grandes blessures; ils pourront confier le soin des plaies de moindre conséquence à ceux des susdits garçons qu'ils auront reconnus suffisamment instruits; mais dans l'un & l'autre cas, le traitement sera toujours dirigé par le Chirurgien en chef.

9.

LES grandes & les petites opérations seront faites par lui; chaque garçon passera à tour de rôle pour lui servir d'aide, afin que chacun d'eux s'accoutume & se forme à son exemple aux manœuvres délicates des opérations; l'heure d'y procéder demeurera fixée, le matin à l'issue de la visite du Médecin, ou à trois heures après midi, lorsque les occupations de la matinée n'auront pas permis de les faire plus tôt. Cette règle sera constamment suivie, excepté dans les cas extraordinaires qui pourroient exiger qu'elles fussent faites sur le champ à l'arrivée des blessés à l'Hôpital.

10.

LORSQUE l'Hôpital ambulant marchera à la suite de l'armée, les Médecins & Chirurgiens-majors ne manqueront jamais dès le matin & avant le départ dudit Hôpital, d'y visiter les malades & blessés, de leur ordonner les secours nécessaires, & de les panser exactement. Lorsque cet Hôpital sera arrivé le soir à sa destination, ces Officiers de santé les visiteront une seconde fois, afin de remédier aux accidens que la route auroit pu occasionner; mais en général & sans exception, ils seront tous soignés, traités, secourus, avec le zèle & l'attention suivie qu'exigeront leurs maladies & leurs blessures.

11.

LORSQUE l'Hôpital ambulant se trouvera à poste fixe, les visites des Médecins & Chirurgiens-majors rentreront dans l'ordre ordinaire: Enjoint Sa Majesté auxdits Officiers de santé de ne garder à l'Hôpital ambulant, les malades & blessés que pendant le temps nécessaire pour les mettre en état d'être versés sans danger sur les Hôpitaux sédentaires les plus voisins: on évitera par cette précaution, l'engorgement de cet Hôpital, & dans les marches on n'éprouvera point les embarras résultans du trop grand nombre des malades & blessés.

12.

LE premier Médecin & le premier Chirurgien de l'Armée,

réſideront au quartier général, pour être à portée de recevoir les ordres relatifs au ſervice de ſanté, de même que pour y ſecourir promptement les Officiers généraux & autres de l'État-major, en cas de maladie ou bleſſures. Ils viſiteront l'Hôpital ambulant autant qu'il leur ſera poſſible ; le premier Médecin y conférera ſur les maladies graves avec les Médecins ordinaires, & leur indiquera au beſoin les moyens-pratiques les plus propres à en procurer la guériſon. Le premier Chirurgien y verra panſer ou panſera lui-même les grandes bleſſures ; il en conférera avec le premier Médecin, & ſe conduira de la même manière dans tous les cas de conſéquence : les grandes opérations ſeront faites par lui, en préſence du premier Médecin. De retour au quartier général, ces deux Chefs rendront compte à qui il appartiendra de tout ce qu'ils auront fait ou obſervé à l'Ambulance, relativement à la Médecine, à la Chirurgie & à la Pharmacie.

13.

On ſe conformera dans les Hôpitaux ſédentaires de l'armée, par rapport aux viſites des malades & bleſſés, des panſemens & opérations, à ce qui ſe pratique dans les Hôpitaux militaires du Royaume, en temps de paix : Ordonne Sa Majeſté aux premiers Médecin & Chirurgien de ſes Armées, d'en viſiter les Hôpitaux auſſi ſouvent que les circonſtances le leur permettront, mais principalement lorſqu'il y règnera des Endémies & des Épidémies.

14.

Si après une bataille, le nombre des bleſſés ſurchargeoit malheureuſement les Hôpitaux, & que les Chirurgiens chargés de les ſecourir ne puſſent ſuffire, Sa Majeſté enjoint aux Chirurgiens-majors des Régimens qui composeront l'armée, de ſe rendre ſans délai ſur l'ordre qui leur en ſera donné par le Général ou par l'Intendant, dans ceux deſdits Hôpitaux qui leur feront affignés, pour y fecourir les bleffés & y faire à temps les opérations néceffaires.

15.

SA MAJESTÉ défend expreffément que les Soldats, Cavaliers ou Dragons attaqués de maux vénériens, foient reçus dans les Hôpitaux ambulans & fédentaires de l'armée : Elle veut qu'il foit établi à la fuite & à peu de diftance des camps, un ou plufieurs Hôpitaux particuliers, dans lefquels exclufivement à tous autres maux, les maladies vénériennes feront traitées par les Médecins & Chirurgiens-majors, tenus de fe conformer à cet égard aux règles prefcrites dans fon Ordonnance & dans le préfent Code.

## SECTION XX.

## *Des Formules, des Drogues fimples & des Médicamens compofés.*

### ARTICLE PREMIER.

LE compte que Sa Majefté s'eft fait rendre du formulaire général à l'ufage des Hôpitaux militaires, prouve que les formules y font trop multipliées & trop chargées de remèdes; que les approvifionnemens faits en conféquence occafionnent des dépenfes fuperflues & en pure perte, puifque la plus grande partie de ces remèdes s'altère, fe dénature en vieilliffant, & que cette dégénération en rend l'ufage dangereux & même funefte. D'après les renfeignemens particuliers que Sa Majefté s'eft procurés à cet égard, Elle fera dreffer inceffamment de nouvelles formules plus conformes que les précédentes à la fimplicité de la Médecine & de la Chirurgie militaires. À l'avenir toutes les Apothicaireries de fes Hôpitaux feront approvifionnées d'après ces formules, & les Apothicaires tenus de s'y conformer en tout point; il leur en ſera délivré des exemplaires de même qu'aux Entrepreneurs, afin que ni les uns ni les autres ne puiſſent en prétendre cauſe d'ignorance.

2.

LORSQUE l'approviſionnement d'une Apothicairerie militaire aura lieu, les quantités des drogues néceſſaires ſeront conſtatées par un procès-verbal ſigné des Médecins, Chirurgiens & Apothicaires-majors, du Commiſſaire ou Subdélégué chargé de la police; & ce ne ſera que d'après ce procès-verbal que les paſſeports néceſſaires ſeront délivrés à l'Entrepreneur ou à ſon Directeur.

A la réception de ces drogues & médicamens, l'Apothicaire en chef les debalera & les arrangera par ordre dans l'Apothicairerie, en la préſence des Médecins & Chirurgiens-majors, expreſſément tenus d'en vérifier les quantités & qualités: s'il ſurvenoit conteſtation à ce ſujet, le Commiſſaire ou le Subdélégué chargé de la police de l'Hôpital, nommera d'office un maître Apothicaire du lieu pour ſervir d'arbitre dans ce cas, & d'après une déciſion équitable, toutes les drogues ſimples ou compoſées qui ſeront reconnues altérées, ſophiſtiquées, ſuſpectes & mauvaiſes, ſeront encaiſſées ſur le champ, ſcellées & dépoſées chez le Commiſſaire ou Subdélégué qui les renverra au Fourniſſeur, & celui-ci ſupportera tous les frais de l'envoi & du retour. Le même examen & les mêmes formalités, auront lieu au renouvellement du marché des Hôpitaux, dans la remiſe que l'Entrepreneur ſortant doit en faire à l'Entrepreneur entrant: Ordonne Sa Majeſté que toutes les drogues, remèdes ſimples ou compoſés reconnus ſuſpects, douteux, altérés par vétuſté ou autrement, ſoient ſéparés des autres & jetés au feu ou dans l'eau, en préſence des Officiers de ſanté, & du Commiſſaire ou Subdelégué chargé de la police, ſans que l'Entrepreneur puiſſe être fondé à former des demandes en indemnités à cet égard: les clauses expresses de tous les marchés imposant aux Entrepreneurs, l'obligation de ne fournir les Hôpitaux que de drogues & de remèdes de bonne qualité.

3.

ENTEND aussi Sa Majesté que dans toutes les Apothicaireries des Hôpitaux militaires, les quantités de remèdes soient non-seulement proportionnées au nombre des malades existans, mais qu'elles excèdent pour trois mois au moins les besoins du service courant, afin de pouvoir dans toutes les circonstances, parer aux évènemens imprévus: ces approvisionnemens ne seront point à charge à l'Entrepreneur, en se bornant sagement à l'usage des bons remèdes qui sont les seuls nécessaires, il ne courra aucun risque dans aucun cas.

4.

L'Apothicaire-major uniquement destiné au service des Soldats malades, ne pourra sous quelque prétexte que ce soit, faire aucune composition de remèdes ailleurs que dans son Apothicairerie ou son Laboratoire, à peine de privation de son emploi: la même peine aura lieu pour ceux des Apothicaires-majors, qui seront convaincus d'avoir employé à l'usage des Soldats malades, d'autres remèdes que ceux qui auront été reconnus, approuvés & ordonnés par les Médecins & Chirurgiens-majors lors de leurs visites & inspections; comme aussi pour ceux desdits Apothicaires qui s'ingéreroient de substituer de leur chef, des remèdes simples ou composés à ceux prescrits par les Médecins & Chirurgiens-majors: Elle enjoint à ces derniers d'assister régulièrement à toutes les compositions officinales & magistrales, destinées au traitement de ses Troupes dans les Hôpitaux.

5.

LES Apothicaires en chef pèseront eux-mêmes, & feront le mélange des différens remèdes qui seront ordonnés par les Médecins

Médecins & Chirurgiens-majors: Sa Majesté leur défend de doser les remèdes au hasard, par approximation, au seul coup-d'œil, & de laisser dans leur Pharmacie aucun remède sans étiquette: Elle leur enjoint expressément d'étiqueter lisiblement, tous ceux qu'ils distribueront ou feront distribuer aux malades, blessés ou vénériens; le numéro du lit de chaque malade & le nom de la salle seront inscrits sur chaque étiquette: ils seront encore tenus de faire observer dans leurs Pharmacies, une discipline d'autant plus sévère, que les moindres fautes dans cette partie, peuvent occasionner des accidens graves & même la mort des malades; comme cette discipline dépend absolument d'eux, qu'ils ont une surveillance immédiate sur leurs Aides & Garçons, & qu'ils doivent avoir sous la clef tous les remèdes dont l'usage exige des précautions, Sa Majesté les rend personnellement responsables des abus, des méprises & des accidens qui pourroient résulter de leurs négligences à cet égard.

## 6.

LORSQUE Sa Majesté nommera un Apothicaire-major de ses Camps & Armées, il sera attaché à l'Hôpital ambulant; il aura sous sa garde la Pharmacie qui est toujours à sa suite: surveillant & dispensateur des secours qu'elle enferme, l'approvisionnement, les préparations & l'administration des remèdes se feront sous ses yeux & par sa direction: tous les Apothicaires-majors, Aides-majors & Garçons employés à l'Armée, seront tenus de le respecter & de lui obéir dans tous les cas concernant la partie du service dont il est chargé.

## 7.

VEUT Sa Majesté que l'Apothicaire-major de ses Camps & Armées, prenne dans tous les temps les ordres du premier Médecin, lorsqu'il sera question d'envoyer des Apothicaires avec les convois ou transports des malades d'un Hôpital dans un autre, ou à la ſuite des Corps de troupes qui ſeront détachés de l'Armée.

8.

Il eſt enjoint aux Apothicaires en chef de l'Armée & des Hôpitaux, & à tous autres faiſant le ſervice militaire de ſanté, de ſe conformer pour le ſurplus aux inſtructions particulières qui pourront leur être envoyées par l'Inſpecteur-général-médecin. Entend pareillement Sa Majeſté que les Médecins, Chirurgiens-majors & autres employés dans les Hôpitaux, ſuivent de point en point les inſtructions dudit Inſpecteur-médecin, de même que les Chirurgiens-majors de ſes Régimens, chargés du traitement des indiſpoſitions, maladies & bleſſures légères des Soldats, Cavaliers ou Dragons.

## SECTION XXI.

### *De l'Aumônier.*

ARTICLE PREMIER.

L'Aumônier de chaque Hôpital tiendra un regiſtre coté & paraphé à chaque page par le Commiſſaire des guerres; il y inſcrira tous les malades & bleſſés qui mourront dans l'Hôpital dont il a la direction ſpirituelle: ce regiſtre contiendra le nom de famille & de guerre de chaque Soldat, Cavalier ou Dragon, le lieu de ſa naiſſance, l'Élection, Bailliage, Sénéchauſſée & Châtellenie dans le reſſort deſquels ledit lieu ſera ſitué, le nom du Régiment & de la Compagnie où il ſervoit, la date du jour de ſon entrée dans l'Hôpital, & celle du jour de ſon décès.

2.

En cas de retraite ou changement de l'Aumônier d'un Hôpital pour paſſer dans un autre, l'Aumônier ſortant remettra à l'Aumônier entrant le regiſtre ci-deſſus, & ledit Aumônier ſortant ne ſera payé de ſes appointemens qu'en rapportant le récépiſſé du regiſtre ſigné par ſon ſucceſſeur.

3.

L'AUMÔNIER tirera de chaque article de ſon regiſtre mortuaire, deux certificats du décès de chaque Soldat, Cavalier ou Dragon, leſquels certificats il fera ſigner & légaliſer par le Commiſſaire des guerres pour les envoyer au Régiment, d'où le Major, & en ſon abſence l'Officier commandant la Compagnie, en fera paſſer un à la famille du défunt.

4.

L'AUMÔNIER enverra le premier jour de chaque mois au Conſeil d'adminiſtration des Hôpitaux, l'extrait de ſon regiſtre pour le courant du mois précédent.

5.

CHAQUE Aumônier ſera tenu de ſe conformer à tout ce qui eſt ordonné ci-deſſus, à peine de la retenue d'un mois de ſes appointemens pour la première contravention, & en cas de récidive, il ſera renvoyé de l'Hôpital ſans eſpérance d'y pouvoir être rétabli ni dans aucun autre : ſeront encore tenus leſdits Aumôniers, de ſuivre ponctuellement les inſtructions particulières qui pourront leur être envoyées par le Conſeil d'adminiſtration.

## SECTION XXII.

### *Des Morts & de leur Sépulture.*

ARTICLE PREMIER.

IMMÉDIATEMENT après le décès d'un malade ou bleſſé, ſon corps ſera tranſporté par les Infirmiers de quartier, dans le lieu qui ſera deſtiné à cet effet dans l'Hôpital : Fait Sa Majeſté très-expreſſes défenſes de laiſſer aucun mort dans les ſalles ou lieux de paſſage, à peine de punition exemplaire contre les Infirmiers.

2.

QUOIQU'IL ſoit ordonné de n'enterrer au plus tôt les corps des malades ou bleſſés, que vingt-quatre heures après leur mort, Sa Majeſté penſe que c'eſt aux Médecins & Chirurgiens-majors à décider de l'intervalle plus ou moins long qu'il doit y avoir entre la mort & l'inhumation. En général les climats, les ſaiſons, les genres de maladies, les conſtitutions épidémiques très-contagieuſes, doivent leur ſervir de règle pour les déterminer à cet égard.

3.

LES enterremens ſeront faits, autant qu'il ſera poſſible, à la pointe du jour : Enjoint Sa Majeſté aux Aumôniers d'y aſſiſter pour y réciter les prières ordonnées par l'Égliſe : Elle ordonne auſſi que par-tout où la poſition des lieux le permettra, ces inhumations ſe faſſent dans un enclos éloigné de l'Hôpital.

4.

LES foſſes dans leſquelles les morts ſeront inhumés, auront quatre à cinq pieds de profondeur, & ſeront exactement remplies de terre bien foulée : leur profondeur ſera d'autant plus conſidérable qu'on placera un plus grand nombre de corps dans chacune ; ce qui ne doit être pratiqué que dans les circonſtances preſſantes, ou en temps de guerre après une action fort meurtrière.

5.

VEUT Sa Majeſté que les Foſſoyeurs ou tous autres, qui ſe trouveroient convaincus d'avoir enlevé les draps dans leſquels lesdits défunts auroient été ensevelis, soient mis en prison pour être punis suivant l'exigence du cas.

## SECTION XXIII.

### *Des formalités à remplir dans la disposition des Habillemens, Équipemens, Armemens, Argent & autres Effets appartenans aux Soldats, Cavaliers, Dragons, décédés dans les Hôpitaux.*

#### ARTICLE PREMIER.

LORSQU'UN Soldat sera mort à l'Hôpital, & que son Régiment sera dans la garnison du même lieu, le Commissaire des guerres chargé de la police, en instruira le Major du Corps pour qu'il ait à faire retirer promptement les effets appartenans au Roi, & cet Officier en déchargera le Directeur en mettant son récépissé sur le registre destiné à cet usage. Si le Régiment du Soldat mort étoit éloigné de la résidence du Commissaire des guerres, celui-ci dressera un état certifié par le Contrôleur & le Directeur, des effets appartenans au Roi, que le Soldat, Cavalier ou Dragon avoit déposé dans le magasin à son entrée à l'Hôpital; il adressera cet état au Conseil d'administration du Régiment, tenu de faire retirer lesdits effets & d'en donner un reçu au Directeur.

Les effets propres & particuliers au Soldat décédé, seront pareillement remis audit Conseil d'administration, lorsqu'il en fournira le consentement par écrit de la famille du mort, & non autrement: en conséquence, le Commissaire des guerres ou Subdélégué chargé de la police, sera obligé, sitôt après le décès du Soldat, d'envoyer à sa famille l'état certifié de l'argent & des effets que le mort aura laissés, en lui enjoignant de les faire retirer dans l'an & jour de la date dudit état, passé lequel temps, la famille du mort n'aura aucun droit à réclamer l'argent & les effets qui auront été apportés par le défunt dans l'Hôpital.

2.

SI le Conseil d'administration du Régiment avoit négligé de retirer dans l'an & jour les effets appartenans au Roi, le Commissaire des guerres en donnera connoissance au Secrétaire d'État de la guerre.

3.

LES Commissaires des guerres rendront compte aux Intendans des provinces, des effets appartenans au Roi, que les Grenadiers-royaux ou les Soldats des régimens Provinciaux auront laissés dans les Hôpitaux après leur décès; les Intendans donneront les ordres nécessaires pour faire retirer lesdits effets, qui seront remis dans les magasins du Roi établis dans les provinces.

4.

LES effets propres & particuliers aux Soldats décédés, que les parens n'auront pas eu soin de répéter avant la révolution de l'an & jour, seront distribués par les Commissaires ou Subdélégués, aux Infirmiers qui se trouveront à cette époque employés au service des malades, blessés & vénériens: cette répartition aussi égale qu'il sera possible, se fera toujours en présence du Commissaire & du Contrôleur, qui prononceront sur les difficultés qui pourroient naître à raison de ce partage, & qui consigneront cette répartition sur le registre du Directeur.

5.

LES Soldats, Cavaliers ou Dragons ne pourront tester en faveur d'aucun des employés au service des Hôpitaux, pas même de l'Aumônier ni de son couvent, sous prétexte de legs pieux: Sa Majesté veut que les testamens & toutes les dispositions qui pourroient être faites au profit desdits Officiers de ſanté, des Aumôniers ou de leurs Couvens, ſoient regardés comme nuls & de nul effet.

## SECTION XXIV.

### *De la Comptabilité.*

ARTICLE PREMIER.

LE Directeur de chaque Hôpital tiendra trois regiſtres conformes aux modèles annexés au préſent Code, leſquels ſeront cotés & paraphés à chaque page par le Commiſſaire des guerres ou le Subdélégué chargé de la police: il y inſcrira jour par jour, ſans blanc ni interligne, tous les malades qui ſe préſenteront avec des billets d'entrée revêtus des formes preſcrites; ſavoir, ſur un de ces regiſtres, les malades ou fiévreux, tous les bleſſés ſur un autre, & les vénériens ſur le troiſième: il exprimera ſur leſdits regiſtres les noms du Régiment, de la Compagnie, ceux de famille & de guerre avec le grade, le lieu de la naiſſance; & l'Élection, le Bailliage, Sénéchauſſée ou Châtellenie, dans le reſſort deſquels ledit lieu ſera ſitué; comme auſſi le jour de l'entrée, celui de la ſortie ou de la mort.

2.

AU moment de l'entrée du malade à l'Hôpital, le Directeur remplira les colonnes de ce regiſtre, à l'exception de celles qui déſignent la date de la ſortie & de la mort, & le nombre de jours que chaque malade ſera reſté dans l'Hôpital; il ne pourra remplir ces dernières colonnes qu'à vue d'un billet de ſortie ou d'un extrait mortuaire.

3.

LE Directeur fournira dans les cinq premiers jours de chaque mois, au Commiſſaire des guerres ou au Subdélégué chargé de la police, un état diſtinct des malades, bleſſés ou vénériens, reſtés dans l'Hôpital le dernier jour du mois précédent, de tous ceux qui y feront entrés & en feront fortis par guérifon ou autrement; & enfin de ceux qui y feront décédés pendant le cours dudit mois. L'état préfenté au Commiffaire des guerres en la forme ci-deffus, fera par lui vérifié fur les pièces juftificatives de l'entrée de chaque Soldat, ou des états de tranfport des malades & bleffés qui auront été envoyés dans d'autres Hôpitaux: cette vérification fe fera en préfence des Médecin & Chirurgien-major, du Contrôleur & de l'Aumônier, lefquels repréfenteront au Commiffaire les regiftres qu'ils auront tenus; ladite vérification faite, l'état fera clos & arrêté par le Commiffaire, figné par les deux Officiers de fanté & vifé par le Contrôleur.

4.

DANS les cinq jours qui fuivront chaque quartier de trois mois, le Directeur formera un état général de ces états particuliers, conformément au modèle annexé au Code: cet état général fera certifié véritable, figné & vifé comme il eft dit ci-deffus; on en fera quatre expéditions, le Directeur en confervera une, le Commiffaire ou le Subdélégué en gardera une par-devers lui, & les deux autres feront adreffées par ce dernier avec les billets d'entrée, de fortie & les états mortuaires, au Commiffaire-ordonnateur de la généralité, qui en remettra une à l'Intendant de la province, & fera paffer l'autre au Confeil d'adminiftration, avec les pièces juftificatives énoncées ci-deffus.

5.

LES Journées qui fe trouveront employées dans les états d'Hôpitaux, pour le trente-unième des mois de Janvier, Mars, Mai, Juillet, Août, Octobre & Décembre, feront payées en entier par le Tréforier général des guerres, fur le compte de Sa Majefté & fur le même pied des autres journées.

SECTION XXV.

## SECTION XXV.

### *Des Retenues faites aux Troupes pour Journées d'Hôpitaux.*

LES retenues faites aux Troupes pour journées d'Hôpitaux, compliquent la comptabilité, multiplient les embarras & les difficultés, & donnent lieu à des erreurs & à des abus que Sa Majesté veut détruire une fois pour toutes : Elle veut qu'à l'avenir tous Soldats, Cavaliers ou Dragons, soient entièrement à son compte du jour qu'ils quitteront leurs Régimens pour entrer à l'Hôpital. Les états de revue, & ceux de comptabilité seront formés en conséquence.

## SECTION XXVI.

### *Du nombre des garçons Chirurgiens, Apothicaires & Infirmiers, relatif au service des Malades.*

ARTICLE PREMIER.

LES garçons Chirurgiens, Apothicaires & Infirmiers, seront désormais au compte du Roi ; ils seront payés par l'Entrepreneur qui passera cet objet de dépense dans ses états.

2.

LES gages des garçons Chirurgiens, Apothicaires & Infirmiers-majors, seront de quinze livres par mois ; & ceux des Infirmiers, de neuf livres outre la nourriture.

3.

LA nourriture des garçons Chirurgiens & Apothicaires & celle des Infirmiers-majors, sera passée dans les états à raison de vingt sous par jour ; & celle des Infirmiers, au prix accordé à l'Entrepreneur pour la journée des Soldats, Cavaliers ou

Dragons : ceux desdits Garçons & Infirmiers qui tomberont malades, seront traités & soignés aux frais de Sa Majesté, comme serviteurs du Roi dans ses Hôpitaux : Elle fait très-expresses défenses aux Infirmiers d'emporter leurs portions hors de l'Hôpital, pour aller les consommer dans les cabarets ou ailleurs, à peine de trois livres d'amende, & de plus grande peine en cas de récidive.

4.

SA MAJESTÉ veut que dans tous les Hôpitaux, le nombre des garçons Chirurgiens, Apothicaires & Infirmiers, soit réglé de la manière suivante : 1.° le Commissaire ou Subdélégué chargé de la police d'un Hôpital, passera un garçon Chirurgien pour dix Officiers & un pour vingt-cinq malades. 2.° Un garçon Apothicaire pour cinquante malades. 3.° Un Infirmier pour deux Officiers ou pour deux Médecins, deux Chirurgiens-majors & deux Apothicaires en chef; un autre pour quinze malades, blessés ou vénériens. Mais comme un seul Infirmier ne peut pas faire continuellement le service de jour & de nuit dans les Hôpitaux, Sa Majesté veut qu'il y en ait toujours deux attachés au service de chaque Hôpital, pour quinze malades & au-dessous, & il ne pourra en être passé trois que lorsque le nombre des malades, blessés ou vénériens excèdera celui de trente.

5.

TOUT Infirmier qui sera sorti de l'Hôpital sans permission, ou qui étant sorti avec permission y rentrera ivre, sera mis sur le champ en prison, & condamné à trois livres d'amende pour la première fois; & en cas de récidive, sera renvoyé de l'Hôpital : l'amende servira de salaire à celui qui remplira son service.

6.

LES Infirmiers qui auront vendu des alimens aux malades

ou bleſſés, ſeront mis ſur le champ en priſon, & condamnés à ſix livres d'amende pour la première fois; mais en cas de récidive, ils ſeront renvoyés de l'Hôpital ignominieuſement, ſans eſpérance de pouvoir rentrer dans aucun autre de ceux du Roi.

7.

Les mêmes peines ſeront encourues par tout Infirmier convaincu d'avoir retranché ou fait retrancher quelque choſe de la portion d'un malade ou bleſſé, pour en augmenter la ſienne.

8.

Il ſera commandé pour être de garde & veiller pendant la nuit dans chaque Salle, un nombre ſuffiſant d'Infirmiers, porportionnément au nombre des malades; l'ordre à cet égard ſera donné par le Commiſſaire des guerres, ou en ſon abſence par ſon Repréſentant, & conjointement avec les Officiers de ſanté: ces gardes & ces veilles ſe feront à tour de rôle; on les diſtribuera de manière que les Infirmiers de nuit aient du repos pendant le jour.

9.

Tout Infirmier de garde pendant la nuit, qui ſera ſurpris en dormant, ſera condamné à ſix livres d'amende; & celui qui aura abandonné la Salle ſera renvoyé.

10.

Tout Infirmier qui ſera convaincu d'avoir traité les malades ou bleſſés avec négligence, dureté ou mépris, ſera renvoyé & puni ſur le champ, ſuivant l'exigence du cas.

11.

Enjoint Sa Majeſté à tous Infirmiers de ſes Hôpitaux, de ſe conformer exactement à ce qui leur eſt preſcrit par les articles du présent Code, & d'obéir aux ordres qui leur seront donnés par les Commissaires des guerres, les Subdélégués chargés de la police, les Médecins & Chirurgiens, Contrôleurs & Aumôniers, chacun en ce qui les concerne.

## SECTION XXVII.

### *Des Réparations & des Constructions nécessaires dans les Hôpitaux, & d'autres objets concernant la Comptabilité.*

#### ARTICLE PREMIER.

LORSQUE d'après les visites des bâtimens & dépendances de l'Hôpital, il sera nécessaire de faire des réparations urgentes, dont le prix n'excédera pas la somme de deux cents livres, il y sera pourvu sommairement par le Commissaire des guerres ou par le Subdélégué, conjointement avec les Officiers de santé, les Contrôleur & Directeur: les uns & les autres signeront l'état estimatif de ces réparations, au bas duquel le Maçon ou l'Ouvrier, fera sa soumission pour le prix convenu & pour le temps désigné; le Commissaire chargé de la police, adressera cet état à son Ordonnateur, pour y mettre son *visa* & le faire ordonnancer par l'Intendant.

#### 2.

LORSQUE les réparations ou les constructions nécessaires excéderont la somme de deux cents livres, le Commissaire en présence des Officiers de l'Hôpital, en fera dresser un devis estimatif, qu'un ou plusieurs Entrepreneurs se soumettront d'exécuter au prix déterminé & au temps préfixe. Le Commissaire des guerres en adressera une expédition à son Ordonnateur ou Principal, qui en rendra compte à l'Intendant, & en fera passer une au Conseil d'administration, pour qu'il y soit pourvu.

3.

Le Commiſſaire des guerres aura par-devers lui l'ampliation de tous les baux des bâtimens tenus à loyers, pour en ſurveiller l'exécution dans tous les points; ſi au préjudice du ſervice, les Propriétaires de ces bâtimens retardoient les réparations auxquelles ils ſont tenus, le Commiſſaire ou le Subdélégué y fera procéder à leurs frais, & d'après l'arrêté des dépenſes, viſé du Commiſſaire-ordonnateur & ordonnancé par l'Intendant, le montant en ſera payé par le Tréſorier, à la charge de retenue ſur leſdits loyers échus & à échoir.

4.

Lorsque l'Entrepreneur formera des répétitions envers le Roi, dans des cas de force majeure, le Commiſſaire des guerres établira dans un procès-verbal en bonne forme, les juſtes motifs de ſes répétitions d'après des faits certains, conſtatés par les regiſtres & les inventaires concernant les quantités & les qualités des effets qui ſe trouveront avoir été perdus: ledit Commiſſaire arrêtera le juſte prix deſdits effets & la valeur de la perte; Sa Majeſté le rendant reſponſable de tous les abus & de toutes les prévarications qui pourroient intervenir à cet égard.

5.

Le Commiſſaire des guerres chargé de la police, dreſſera tous les trois mois un état général des Officiers de ſanté & des Employés ſervans, payés par le Roi dans chaque Hôpital. Il les déſignera par leurs noms & qualités, avec les appointemens ou gages annuels fixés à chacun d'eux : il adreſſera deux expéditions de cet état au Commiſſaire-ordonnateur ou Principal de la province, qui en fera paſſer une au Conſeil d'adminiſtration.

# SECTION XXVIII.

## *Des Vénériens.*

### ARTICLE PREMIER.

SA MAJESTÉ s'étant fait rendre compte des progrès que les maladies vénériennes font dans ses Troupes, & des pertes qu'elles y occasionnent, Elle a pensé que la décence des mœurs & sa justice exigeoient de sa part de recourir aux moyens les plus propres à éloigner ses Soldats d'une contagion, qui attaque les sources de la vie & dégrade l'espèce humaine. Considérant aussi que les Soldats vénériens sont très à charge à leurs camarades par les longs séjours qu'ils font dans les Hôpitaux, Elle ne veut pas que les Soldats d'une conduite exemplaire, montent les gardes & fassent le service des Soldats libertins que l'impunité entretient dans la débauche; Elle ordonne que tout Soldat, Cavalier, ou Dragon, qui aura été atteint & guéri une première fois de maladies vénériennes quelconques, à compter du jour de son engagement, soit tenu, quand il aura recouvré ses forces, de monter autant de gardes extraordinaires qu'il aura passé de jours à l'Hôpital à l'effet de sa guérison.

2.

ENTEND Sa Majesté que ces gardes extraordinaires, imposées & distribuées à propos par les Conseils d'administration de ses Régimens, soient à la décharge des convalescens sortis depuis peu des Hôpitaux où ils auront été traités de toutes autres maladies que celles dont il s'agit ici; ou qu'elles soient à la décharge des Soldats, Cavaliers ou Dragons qui, pendant le séjour desdits Vénériens dans les Hôpitaux, auront fait le service pour eux.

3.

VEUT pareillement Sa Majesté qu'en cas de récidive de

la part desdits Soldats, Cavaliers ou Dragons, chacun d'eux soit obligé de monter non-seulement le même nombre de gardes extraordinaires, mais qu'il soit encore chargé de la propreté & du service des chambres pendant un mois.

4.

ENJOINT Sa Majesté aux Quartiers-maîtres de chaque Régiment, de tenir registre des Soldats vénériens guéris & du nombre de leurs guérisons individuelles, afin que sur la représentation de ce registre, le Conseil d'administration puisse ordonner avec prudence, répartir avec équité ces gardes extraordinaires, à la décharge de ceux y ayant droit dans chaque compagnie. Sa Majesté rend personnellement responsables ces Quartiers-maîtres de la tenue exacte de ces registres, pour en justifier toutes les fois qu'ils en seront requis par la représentation des billets de santé desdits Soldats vénériens, qui leur seront remis par les Majors des Régimens.

5.

ORDONNE Sa Majesté aux Commissaires des guerres & Subdélégués chargés de la police des Hôpitaux, d'écrire sur le dos des billets de sortie qui seront expédiés aux Soldats, Cavaliers ou Dragons, guéris de maux vénériens, la nature de chaque maladie & le nombre de jours qui aura été employé à leur guérison : Elle veut que ces billets soient remis par ceux qui en seront porteurs aux Majors des Corps, & le jour même de l'arrivée au Régiment : lesdits Majors enregistreront ces billets & les remettront à leurs Quartiers-maîtres, comme il est dit, pour y avoir recours au besoin.

# SECTION XXIX.

## *Des Eaux minérales à l'uſage des Soldats.*

### ARTICLE PREMIER.

SA MAJESTÉ par ſon Règlement du 4 mars 1778, concernant la police & l'adminiſtration de l'Hôpital & du dépôt de convaleſcence établis à Bourbonne, a conſigné les diſpoſitions & les règles qu'Elle a jugées néceſſaires, pour y aſſujettir les Soldats à l'obſervation intérieure & extérieure de la police, de même qu'au régime convenable à leur rétabliſſement: & Sa Majeſté voulant que cette forme d'adminiſtration ſoit la même dans les établiſſemens deſtinés au même uſage, Elle entend qu'à l'avenir les Hôpitaux de *Saint-Amand*, de *Barrege*, & généralement tous ceux établis ou à établir pour le ſoulagement des Soldats à qui l'uſage des Eaux ſera indiſpenſablement néceſſaire, ſoient dirigés d'après le même plan d'ordre & d'économie; aucune exception ne pouvant avoir lieu dans le cas dont il s'agit, que pour l'Hôpital de *Digne*, régi par des Adminiſtrateurs & d'après un marché particulier.

### 2.

LES renſeignemens certains que Sa Majeſté s'eſt procurés ſur l'état du plus grand nombre des Soldats envoyés aux Eaux, & ſur les dépenſes ſouvent en pure perte qu'ils occaſionnent par les frais de route & de retour d'une extrémité du royaume à l'autre, & par la multitude de journées, tant pour leur traitement que pour leurs ſéjours pendant l'intervalle de la première & de la ſeconde ſaiſons des Eaux: informée d'ailleurs que les dix-neuf vingtièmes deſdits Soldats ſont en état d'agir, de ſe promener & de s'acquitter de toutes leurs fonctions, Sa Majeſté veut que les Hôpitaux de Bourbonne, de Saint-Amand, de Barrege, &c. ſoient déſormais adminiſtrés & regardés

regardés comme des dépôts de convalescence, où les Soldats, Cavaliers & Dragons seront reçus, nourris & traités pendant les deux saisons des Eaux & leur intervalle, conformément à ce qui sera prescrit ci-après.

3.

IL y aura à l'avenir dans chaque dépôt de convalescence, une salle de quinze à vingt lits, particulièrement destinée au traitement des Soldats, Cavaliers ou Dragons, que des maladies aiguës ou des infirmités graves obligeroient à garder le lit: Sa Majesté entend que lesdits malades y soient servis, traités & soignés par les Officiers de santé & autres employés & servans, comme ils le seroient dans ses Hôpitaux militaires ou de charité: les frais particuliers de ces traitemens seront payés à l'Entrepreneur, au prix de la journée stipulé dans le marché des Hôpitaux de la province.

4.

IL ne sera admis au dépôt de convalescence que les Soldats, Cavaliers ou Dragons munis d'une route expédiée, soit en vertu des ordres du Conseil d'administration des Hôpitaux, soit par l'Intendant de la province, à l'égard de ceux qui ne seront éloignés dudit dépôt que de cinq journées de marche: tout Soldat, Cavalier ou Dragon qui ne présentera que de simples certificats de Médecins ou Chirurgiens d'Hôpitaux, sera renvoyé sur le champ à son Corps, aux frais de ceux qui auront occasionné son déplacement.

5.

LES routes expédiées dans les formes requises, seront acceptées par le Directeur, & remises sans délai au Commissaire des guerres, qui sur le champ donnera des ordres pour que les Médecin & Chirurgien-major fassent la visite des arrivans, & vérifient si les numéros de ces routes & l'état desdits arrivans que le Conseil d'administration aura fait passer à l'avance, sont conformes & les mêmes que ceux qui leur seront présentés:

ſi les maladies ou bleſſures pour leſquelles les Soldats, Cavaliers ou Dragons ſont envoyés aux Eaux, en exigent l'uſage, ils ſeront admis aux dépôts; mais ceux auxquels l'uſage des Eaux ſeroit jugé inutile, ſeront renvoyés dans les vingt-quatre heures à leur Régiment, & les Médecin & Chirurgien-major feront mention au dos de leurs billets de ſortie, des raiſons qui détermineront leur opinion; ils en formeront en même temps un état qu'ils remettront au Commiſſaire des guerres, pour l'adreſſer ſur le champ au Conſeil d'adminiſtration.

6.

LES Médecin & Chirurgien-major auront lors de leurs viſites, un cahier ſur lequel ſeront inſcrits le nom des malades, le numéro du lit, la nature de la maladie, bleſſure ou infirmité, le jour qu'ils auront commencé l'uſage des Eaux, la quantité qui en ſera preſcrite par jour à chaque malade, ſoit en augmentation ou diminution, le temps que chaque Soldat devra reſter dans le bain, & celui de la douche; les notes ſeront claires & préciſes, afin que les garçons Chirurgiens chargés de faire exécuter leurs ordonnances, ne puiſſent tomber dans aucune équivoque. Ce cahier ſera conforme au modèle: ſeront leſdits Médecin & Chirurgien-major, toujours accompagnés par les premiers Élèves en Chirurgie, qui de préférence ſeront chargés de faire les ſaignées, d'appliquer les boues, & de faire adminiſtrer les alimens particuliers aux malades auxquels le régime ſera preſcrit.

7.

TOUS les jours à quatre heures du matin, on annoncera au ſon de la cloche la boiſſon des Eaux, & tous les Soldats qui devront en uſer ſortiront auſſitôt des ſalles pour ſe rendre dans la cour.

8.

L'ÉLÈVE en Chirurgie chargé de cette partie s'y trouvera ayant en main ſon cahier, ſur lequel ſeront inſcrits par colonnes les noms des malades ou blessés de cette classe, avec note de la quantité d'eau qui sera prescrite pour chacun.

9.

IL aura avec lui deux Infirmiers pour distribuer l'eau aux Soldats dont il fera l'appel suivant l'ordre du cahier ; à chaque appel le Soldat se présentera & recevra d'un Infirmier, une écuelle d'eau que ledit Élève en Chirurgie verra boire avant d'en appeler un autre : ce service se fera sans discontinuer du premier au dernier, & jusqu'à ce que chacun d'eux ait pris la quantité d'eau qui lui aura été prescrite, ce dont il fera note à l'article de chacun.

10.

TOUS les jours à quatre heures & demie du matin, on annoncera au son de la cloche, & à une heure après midi le service du bain & de la douche ; tous les Soldats destinés aux bains, n'y pouvant avoir place en même temps, il en sera formé plusieurs escouades qui s'y rendront successivement.

11.

CHAQUE jour du bain, tant le matin que le soir, le Chirurgien-major, muni d'un thermomètre, ira une demi-heure avant l'arrivée des Soldats, reconnoître l'état des Eaux & si elles n'ont pas atteint le degré de chaleur nécessaire, il y fera pourvoir sur le champ.

12.

L'ÉLÈVE en Chirurgie, commis pour cette partie du service, se trouvera tous les jours audit Dépôt à quatre heures & demie du matin, & à une heure après midi, ayant à la main son cahier, où seront inscrits les noms des Soldats marqués pour le bain ou la douche, escouade par escouade : il fera l'appel de ceux de la première escouade & les conduira aux bains, où chaque homme restera le temps ordonné par le Médecin, & leur fera administrer la douche, en présence du Chirurgien-major qui prescrira le temps qu'elle devra durer.

13.

LA première escouade, sitôt après cette opération, sera reconduite au Dépôt susdit par l'Élève en Chirurgie, qui fera l'appel de la seconde escouade, dans le même ordre que la première, & ainsi des autres.

14.

TOUS les Soldats qui iront au bain & à la douche, seront revêtus d'une capote qui leur sera fournie au Dépôt, & aucun d'eux ne sortira sans en être couvert.

15.

LES Infirmiers & Doucheurs, chacun pour leurs fonctions, seront soumis aux ordres du Chirurgien-major; & en cas qu'ils y contreviennent, ils seront punis sur son rapport suivant l'exigence du cas.

16.

SA MAJESTÉ veut qu'il soit envoyé chaque année dans les dépôts de convalescence, un détachement d'Invalides, composé d'un nombre proportionné au besoin; Elle enjoint à l'Officier qui en aura le commandement, de veiller à ce qu'ils fassent leur service avec la plus grande exactitude.

17.

CE détachement fournira jour & nuit pendant la saison des Eaux, le nombre d'hommes que le Commissaire des guerres jugera nécessaire pour la garde du Dépôt; cette garde sera à ses ordres quant à l'exécution des articles du présent Code, & le bas Officier préposé à leur tête, recevra de lui seul la consigne pour la donner aux Sentinelles.

18.

LES fonctions de Sergent de planton seront remplies par l'un des bas Officiers qui se trouveront au Dépôt, lequel sera choisi & nommé par le Commissaire des guerres, à qui il rendra compte de son service.

19.

TOUS les jours, lorsqu'on commencera les différens usages des Eaux, le bas Officier qui commandera la garde, en détachera deux Fusiliers pour y assister l'Élève en Chirurgie, maintenir le bon ordre, & faire exécuter tout ce qui est prescrit à cet égard.

20.

LE bas Officier commandant la garde, sera toujours présent lorsque l'Élève-chirurgien fera l'appel des Soldats désignés pour les bains, afin de ne laisser sortir que ceux que ce dernier aura nommés, qui seront reconnoissables à la capote dont ils devront être couverts. Dès ce moment il établira de distance en distance, sur le chemin qui conduit du dépôt aux bains, le nombre de Fusiliers nécessaires pour suivre de l'œil les Soldats ainsi distribués en escouades, de manière qu'ils ne puissent s'écarter de la route, ou recevoir ni vin, ni fruit, ni autres choses contraires à leur état.

21.

IL y aura toujours un bas Officier avec l'Élève en Chirurgie chargé de la conduite des Soldats aux bains, à la douche & à la boisson, escouade par escouade, afin de les contenir par sa présence pendant tout le temps que dureront lesdites opérations, après lesquelles il les ramenera au dépôt, & relèvera immédiatement les Sentinelles qui lui rendront compte des abus qu'elles auroient pu remarquer.

22.

LE Commandant du détachement prêtera main-forte au Commissaire des guerres toutes les fois qu'il l'en requerra, & ils se concerteront ensemble pour le maintien du bon ordre & de la discipline.

23.

TOUT Soldat entré au dépôt en vertu d'un billet, s'établira dans la salle & le lit qui lui seront indiqués, sans pouvoir intervertir cet ordre ſous quelque prétexte que ce puiſſe être, & ledit billet ſera attaché à ſon lit.

24.

TOUS les bas Officiers étant au dépôt ſans diſtinction de régiment ni de grade, auront néanmoins la même autorité ſur le Soldat que s'ils étoient à leurs régimens; en conſéquence ils ſeront répartis dans toutes les ſalles à coucher, de manière à pouvoir y maintenir le bon ordre & la tranquillité; ce qu'ils ſeront tenus de faire à peine d'en répondre perſonnellement.

25.

CHAQUE lit étant compoſé d'une couchette, d'un matelas, d'un traverſin, d'une couverture de laine & d'une paire de draps, les bas Officiers auront ſoin de vérifier, en entrant dans la ſalle de leur numéro, ſi leſdites fournitures ſont en bon état, & en quittant le dépôt, d'en faire la remiſe au Prépoſé chargé de la réception. Leſdits bas Officiers ſeront reſponſables des dégradations qui y ſeroient arrivées, ſoit par négligence, ſoit par contravention à la règle qui ſera établie à cet égard par le Commiſſaire des guerres.

26.

LES ſalles à coucher, la cuiſine & le réfectoire ſeront tenus proprement & balayés au moins une fois par jour, par des Soldats de corvées pris alternativement dans les ordinaires, & commandés pour cet effet par les bas Officiers qui en auront la police.

27.

SI pendant ſon ſéjour au dépôt quelque Soldat tombe malade, le bas Officier dont il dépend, en informera ſur le champ le Commiſſaire des guerres qui le fera viſiter par les Médecin & Chirurgien-major, afin de pourvoir à ſon ſoulagement, en l'envoyant dans la ſalle deſtinée à cet uſage.

28.

LES bas Officiers & Soldats ne pourront ſortir ſans une

permiſſion par écrit du Commiſſaire des guerres. Tous ceux qui ſeront trouvés hors de l'enceinte ſans être porteurs de cette permiſſion, ſeront arrêtés & ramenés au dépôt par les Cavaliers de Maréchauſſée du lieu, qui en rendront compte ſur le champ au Commiſſaire des guerres.

29.

POUR aſſurer & hâter la guériſon des Soldats, leur procurer les moyens de prendre une nourriture bonne, ſaine & réglée, Sa Majeſté ordonne que leur ſubſiſtance ſoit payée des fonds de l'extraordinaire des guerres, ſur les revues du Commiſſaire, & ſur le pied de ſept ſous huit deniers par jour pour chaque homme, ſans diſtinction de grade. Au moyen de cette ſolde de ſubſiſtance une fois réglée, les Soldats, Cavaliers & Dragons vivront enſemble en ordinaire pendant le temps qu'ils ſeront au dépôt, & chaque ordinaire ſera compoſé de dix Soldats, Cavaliers ou Dragons, & d'un Caporal ou Brigadier.

30.

LES bas Officiers tiendront leurs ordinaires en particulier; chacun d'eux fera obſerver la police dans l'ordinaire confié à ſa direction : à cet effet il ſera placé dans le réfectoire à portée de chaque ordinaire, un tableau qui en indiquera le numéro, le nom du bas Officier qui en aura l'inſpection, celui du Caporal qui en ſera le chef, & les noms des dix hommes qui le compoſeront, ſuivant le modèle ci-après.

31.

LE Commiſſaire des guerres fera faire tous les cinq jours, par le Commis du Tréſorier général de la guerre, le fonds de la ſubſiſtance ci-deſſus réglée à chaque homme qui ſe trouvera au dépôt; il en remettra chaque fois ſon reçu par à-bon-compte.

32.

IL formera tous les quinze jours, du premier au quinze &

du ſeize au dernier de chaque mois incluſivement, un extrait de revue conforme au mouvement du dépôt pendant chaque quinzaine; il en remettra une expédition au Tréſorier qui lui rendra ſes reçus, après en avoir fait un décompte de comparaiſon avec ledit extrait de revue.

33.

Il ſera expédié des feuilles de retenues de ſolde pour les Gardes-françoiſes & les Gardes-ſuiſſes, & pour les bas Officiers & Soldats des régimens Suiſſes & Griſons qui auront été au dépôt, attendu que dans tous les cas d'abſence, ils ſont nombre dans les compagnies auxquelles ils ſont attachés, & ſeront les uns & les autres compris dans les extraits de revue du Commiſſaire des guerres, pour le ſupplément de leur ſolde ſeulement, juſqu'à la concurrence de ſept ſous huit deniers par jour.

34.

Les trente-unièmes jours des mois de Mai, Juillet & Août, ſeront compris dans les extraits de revues pour les hommes au Dépôt; les Gardes-françoiſes & Gardes-ſuiſſes, & les bas Officiers & Soldats des Suiſſes & Griſons, ſeront payés en entier ſur le fonds de l'Extraordinaire des guerres, ſur le pied de ſept ſous huit deniers, ſans diſtinction de ſolde ni de grade.

35.

Le Commiſſaire des guerres, en remettant au Tréſorier l'expédition de l'extrait de ſa revue, en enverra deux ſemblables, dans les premiers jours de chaque quinzaine, l'une à l'Intendant de la Généralité, & l'autre au Conſeil d'adminiſtration, avec un état nominatif de tous les bas Officiers, Soldats, Cavaliers & Dragons qui auront été au dépôt de Convaleſcence: cet état conforme aux regiſtres des Directeurs & Contrôleurs, ſera accompagné de tous les billets de ſortie du Dépôt après la première ſaiſon des Eaux, ainſi que de toutes les obſervations que les Médecins & Chirurgiens auront faites pendant la quinzaine

quinzaine précédente. Il en ſera uſé de même après la ſeconde ſaiſon des Eaux, quand elle aura lieu.

36.

SA MAJESTÉ fera fournir les uſtenſiles néceſſaires pour chaque ordinaire, conformément au modèle indiqué. L'entretien & le remplacement deſdits uſtenſiles ſera à la charge des ordinaires. Le bois jugé néceſſaire pour faire bouillir les marmites ſera fourni par la Communauté du lieu, & la diſtribution s'en fera tous les cinq jours ſur les bons du Commiſſaire des guerres, qui en aura réglé la quantité ſuffiſante pour chaque cheminée, de manière qu'elle n'excède point la conſommation. Tous les deux jours le pain ſera porté au Dépôt par le Boulanger chargé de la fourniture; il ſera de même qualité que celui des Hôpitaux, ſur le pied de deux livres par jour pour chaque homme: il ſera payé par les Chefs d'ordinaires, à raiſon de la taxe qui en aura été faite chaque année par le Commiſſaire des guerres.

La viande ſera fournie tous les jours par le Boucher, à raiſon de huit livres un quart par ordinaire; elle ſera belle, bien ſaignée, & de bonne qualité, abſtraction faite des têtes, cœurs, freſſures & pieds, conformément aux clauſes du marché qui en ſera paſſé avec ledit Boucher par le Commiſſaire des guerres.

Tous les jours le Chef de chaque ordinaire, accompagné d'un Soldat, Cavalier ou Dragon, marchant ſous la conduite de deux bas Officiers du Dépôt, ſortiront à ſix heures du ſoir en une ſeule troupe, pour aller chercher chez le Boucher la viande du lendemain, la payeront comptant, & ſeront ramenés ſur le champ au Dépôt par les bas Officiers, à peine de punition contre ceux qui s'écarteroient.

La viande ſera miſe à la marmite tous les jours à quatre heures du matin, & l'heure du dîner fixée à dix heures & demie, celle du ſouper à cinq heures & demie.

Le ſel ſera fourni aux prix des Troupes, à raiſon d'une livre ſix onces tous les cinq jours par chaque ordinaire de onze hommes, & la délivrance s'en fera par le Regratier du lieu, ſur les certificats du Commiſſaire des guerres, qui conſtateront l'effectif des hommes vivans au Dépôt, la quantité de ſel qui leur aura été livrée & le prix qu'ils en auront payé.

37.

LE Commiſſaire des guerres veillera exactement à ce que la nourriture fournie audit Dépôt ſoit conforme à l'état joint au préſent Code.

38.

LES jours de Fêtes & Dimanches, tous les Soldats étant au Dépôt ſe rendront en une ſeule & même troupe à la Chapelle pour y entendre la Meſſe; ils y ſeront conduits par des bas Officiers qui les feront rentrer au Dépôt dès que la Meſſe ſera finie.

39.

TOUS les jours, les bas Officiers feront quatre appels pour vérifier ſi tous les Soldats ſont préſens; le premier ſe fera à ſix heures du matin, le ſecond à l'heure du dîner, le troiſième à celle du ſouper, le quatrième enfin à huit heures du ſoir. Leſdits bas Officiers rendront compte au Commiſſaire des guerres de ceux qui ſe ſeront trouvés abſens.

40.

TOUS les bas Officiers, Soldats, Cavaliers & Dragons, ſeront ſoumis à la police & juridiction du Commiſſaire des guerres : Sa Majeſté l'autoriſant à infliger les punitions qu'ils auront encourues, en s'écartant de l'obéiſſance & de la ſubordination qu'Elle leur preſcrit ſur tous les points relatifs à la police des dépôts de convaleſcence : Veut auſſi Sa Majeſté que ses Officiers de santé soient respectés des susdits bas Officiers & Soldats.

## 41.

SA MAJESTÉ donnant toute autorité aux bas Officiers sur les Soldats, Cavaliers & Dragons, afin de les contenir dans une bonne discipline : Elle veut que si quelques Soldats s'oublioient au point de manquer à un bas Officier, le Commissaire des guerres, après avoir vérifié les faits, renvoie le délinquant à son régiment sous la conduite d'un Cavalier de Maréchaussée, de brigade en brigade, & qu'il en informe sur le champ le Secrétaire d'État de la guerre.

## 42.

LA garde de l'Hôpital fournira tous les jours une Sentinelle au Dépôt, depuis quatre heures du matin jusqu'à huit du soir : elle sera posée par le Sergent de garde, qui lui donnera les consignes qu'il aura reçues du Commissaire des guerres, & les fera observer ponctuellement. Si pendant le jour la Sentinelle s'apercevoit du moindre désordre, elle en avertira aussitôt le Sergent de garde, qui en informera le Commissaire, afin qu'il y soit remédié dans l'instant. Tous les jours, à huit heures du soir, ledit Sergent ira relever la Sentinelle, fermera la porte du Dépôt, & en déposera la clef au corps-de-garde pendant la nuit.

## 43.

LORSQUE les malades ou blessés seront dans le cas de retourner à leurs régimens, les Médecin & Chirurgien-major seront tenus de faire mention au dos de chaque billet de sortie qui leur seront remis, de la nature de la maladie, des effets qu'auront produit les Eaux, soit en bien, soit en mal : ils détermineront d'une manière précise, si les malades peuvent espérer quelque succès d'un usage ultérieur des Eaux, afin que les Chirurgiens-majors des régimens & les Médecins & Chirurgiens des Hôpitaux n'y renvoient les années ſuivantes aucun de ceux qui, après avoir fait uſage deſdites Eaux pendant deux ſaiſons, n'en auroient éprouvé aucun ſoulagement, & qui ſeroient jugés n'en pouvoir eſpérer aucun par la ſuite. Les Médecins & Chirurgiens-majors formeront chaque année un état des obſervations qu'ils auront faites ſur chaque billet de ſortie, & l'enverront au Conſeil d'adminiſtration des Hôpitaux, qui prendra les ordres de ſon Chef pour faire congédier tous ceux qui auront été reconnus incurables.

## 44.

ENJOINT Sa Majeſté aux Médecin & Chirurgien-major des dépôts de convaleſcence, de ne comprendre dans le nombre des Sortans auxquels il ſera accordé des voitures, que ceux qui par la nature de leurs maladies ou bleſſures, ne pourront faire la route à pied pour retourner à leurs régimens : Elle ordonne aux Commiſſaires des guerres d'y tenir la main.

## 45.

TOUT Soldat des Troupes de Sa Majeſté ſortant du dépôt de convaleſcence, ne pourra reſter dans la ville ou dans le lieu où les Eaux ſont ſituées, à peine de priſon : Elle enjoint à la Maréchauſſée d'y veiller, & veut que toutes les fois qu'il y aura plus de dix Soldats partant enſemble, un Cavalier de la brigade du lieu monte à cheval pour les eſcorter juſqu'au-delà d'une lieue de diſtance du Dépôt.

En ſe conformant exactement à ce qui eſt preſcrit dans l'Ordonnance de ce jour & dans le préſent Code, SA MAJESTÉ eſpère qu'on ne formera plus de vœux impuiſſans pour le bien du ſervice de ſanté.

*MODÈLE des colonnes du cahier qui sera tenu par les Médecin & Chirurgien-major du Dépôt de Convalescence.*

| NUMÉROS des lits. | NOMS des REGISTRES. | NOMS de guerre ou de famille des Malades. | NATURE de leurs maladies, blessures ou infirmités. | JOURS de L'ENTRÉE. | JOURS qu'ils ont commencé l'usage des EAUX. | QUANTITÉ d'écuelles d'eau prescrite par jour à chaque Malade. | JOURS qu'ils ont commencé à baigner & à doucher. | TEMPS qu'ils doivent rester dans le Bain. | TEMPS qu'ils doivent rester sous la douche | OBSERVATIONS. |
|---|---|---|---|---|---|---|---|---|---|---|
| | | | | | | | | | | |

*TABLEAU journalier du degré de chaleur du bain, reconnu par le Chirurgien-major de l'Hôpital avec le thermomètre.*

SAVOIR:

| JOURS du MOIS. | DEGRÉS DE CHALEUR RECONNUS, À quatre heures & demie du matin. | DEGRÉS DE CHALEUR RECONNUS, À une heure après-midi. |
|---|---|---|
| I.er &c. | | |

*MODÈLE des colonnes du Registre à tenir par le Directeur du Dépôt des Convalescens.*

EXTERNES.

| NOMS des RÉGIMENS. | NOMS des COMPAGNIES. | NOMS des SOLDATS. | GRADES qu'ils ont. | JOUR de L'ENTRÉE. | JOUR de la SORTIE. | JOURNÉES de SUBSISTANCE AU DÉPÔT. |
|---|---|---|---|---|---|---|
| | | | | | | |

DÉPOT
des Convalescens
de

Mois d 17

# SUPPLÉMENT DE SOLDE AU COMPTE DU ROI.

*ÉTAT des Soldats, Cavaliers, Dragons, Hussards, en congés limités,* [...] *restoient le dernier d 17 au dépôt des Convalesc*[...] *de de ceux qui y sont entrés pendant le mois d 17* [...] *de ceux qui en sont sortis & des sommes payées auxdits Convalescens, d*[...] *la retenue sera faite sur les Troupes, ainsi que du supplément & des journ*[...] *du 31 au compte du Roi.*

SAVOIR:

| NOMS des Régimens. | NOMS des Compagnies | NOMS des Soldats. | GRADES qu'ils ont. | JOUR de l'Entrée. | JOUR de la Sortie. | JOURNÉES de subsistance, à 7f 8d | SOMMES PAYÉES, | |
|---|---|---|---|---|---|---|---|---|
| | | | | | | | À retenir aux Troupes. | Pour supplémen[...] au compte du R[...] |
| | | | | | | | | |

## RÉCAPITULATION PAR RÉGIMENT.

| NOMS des RÉGIMENS. | NOMBRE des Convalescens. | NOMBRE des Journées. | RETENUE sur les Troupes. | SUPPLÉMENT à payer par le Roi. | TOTAL. |
|---|---|---|---|---|---|
| Journées du 31 d Restans. | | | | | |
| TOTAUX..... | | | | | |

*JE soussigné Directeur dudit Dépôt, certifie le présent état véritable & conform*[...] *au registre que je tiens des entrées & sorties.* FAIT *à le*

*VU, certifié & arrêté par nous Commissaire des guerres, le présent état à la quantit*[...] *de journées, & à la somme de*
*dont à retenir aux Troupes, & le surplus montant à*
*à payer par le Roi pour supplément de solde & pour journées du 31*
FAIT *à le*

*ORDINAIRE.* N.°

Bas Officier chargé de la Police,
Caporal, chef de l'ordinaire,

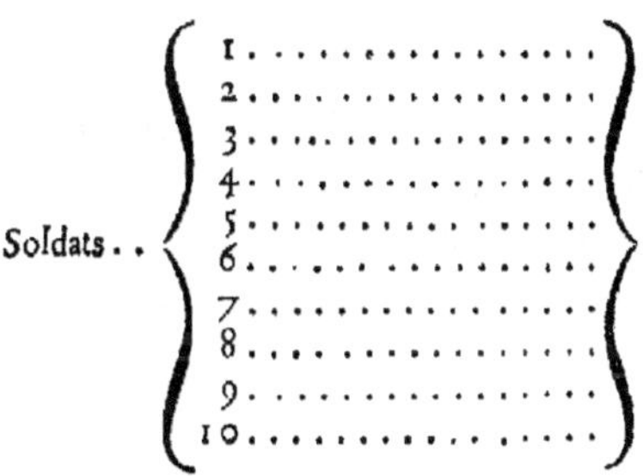

# DÉPÔT DE CONVALESCENCE.

16 derniers jours du mois d
178

*EXTRAIT de la Revue faite le*
*par nous Commissaire des guerres du département d des bas Officiers, Soldats, Cavaliers, Dragons & Hussards, auxquels il a été ordonné de faire usage des Eaux minérales pendant une seconde saison, pour servir au payement de leur subsistance pendant leur séjour de convalescence, depuis le jusqu'à ce jour inclusivement, sur le pied de* sept sous huit deniers *par jour pour chaque Externe, & pour le supplément jusqu'à la concurrence de ce prix, au-delà de la solde de ceux à qui elle sera retenue; le tout en conformité du Code d'administration des hôpitaux.*

## *EXTERNES.*

| | | | | | | |
|---|---|---|---|---|---|---|
| Bas Officiers, Soldats, Cavaliers, Dragons & Hussards | 68, dont | 20 | à payer | du 15 | au 27. | |
| | | 15 | *idem,* | du 15 | au 30. | |
| | | 18 | *idem,* | du 18 | au 28. | |
| | | 7 | *idem,* | du 7 | au 31. | |
| | | 5 | *idem,* | du 26 | *idem.* | |
| | | 3 | *idem,* | du 28 | *idem.* | |
| | | 68. | | | | Le tout inclusivement. |

## *EN CONGÉS LIMITÉS.*

### *Infanterie Françoise & Étrangère.*

| | | | | | | |
|---|---|---|---|---|---|---|
| Grenadiers & Tambours | 9, dont | 4 | à payer | du 16 | au 28. | |
| | | 3 | *idem,* | du 20 | au 30. | |
| | | 2 | *idem,* | du 28 | au 31. | |
| | | 9. | | | | Le tout inclusivement pour supplément de solde seulement. |

Fusiliers & Tambours................ 12, dont { 5 à payer du 16 au 27. / 4 *idem*, du 18 au 29. / 3 *idem*, du 24 au 31. }

12. Le tout inclusivement pour le supplément de solde seulement.

## *ROYAL-ARTILLERIE.*

Canonniers, Bombardiers.............

Sapeurs de la troisième classe...........

Armuriers....................... 4, dont { .. à payer du .. au .. / .................. }

4. Inclusivement pour le supplément de solde seulem.t

Tambour......................... 1, ........ à payer du .. au ..

Inclusivement pour le supplément de solde seulem.t

## *SUISSES ET GRISONS.*

Grenadiers & Tambours.............. 6, dont { .. à payer du .. au .. / .. *idem*, du .. au .. }

6. Inclusivement pour supplément de solde seulement.

Seconds Caporaux.................. 4, ....... à payer du .. au ..

Inclusivement pour le supplément de solde seulem.t

Appointés....................... 9, dont ......

Fusiliers & Tambours................ 16, dont ......

## *CAVALERIE.*

Cavaliers, Maréchaux-ferrans, Armuriers... 5, dont ......

## *CARABINIERS DE MONSIEUR.*

Carabiniers...................... 2, dont ......

## *DRAGONS.*

Dragons, Maréchaux-ferrans, Armuriers... 5, dont ......

## *HUSSARDS.*

Hussards, Maréchaux-ferrans, Armuriers... 4, dont ......

## *RÉCAPITULATION*

Externes en entier au compte du Roi..... 68. ..........

Par congés limités, pour le supplément de solde seulement................. 77. ..........

TOTAL.... 145 hommes.

*FAIT & arrêté par nous Commissaire des guerres susdit. Les jour, mois & an que dessus.*

# DÉPÔT DE CONVALESCENCE.

## RÉGIMENT D

*État des Convalefcens du Régiment d qui ont été au dépôt de convalefcence d pendant le mois d & dont la folde fera retenue au Régiment.*

| NOMS des Compagnies. | NOMS de Famille & de guerre. | GRADES. | ENTRÉE. | SORTIE. | JOURNÉES. | SOMMES. |
|---|---|---|---|---|---|---|
| | | | | | | |

## *RÉCAPITULATION.*

| GRADES. | NOMBRE d'hommes. | JOURNÉES. | RETENUE par jour. | SOMMES. |
|---|---|---|---|---|
| | | | | |
| TOTAUX... | | | | |

*JE fouffigné Directeur dudit Dépôt, certifie le préfent état véritable, montant à la fomme de pour les journées y portées. FAIT à le*

*Vu & arrêté à la fomme de par nous Commiffaire des guerres chargé de la police du dépôt defdits Convalefcens.*

*ÉTAT des Ustensiles qui doivent être fournis dans le Dépôt de Convalescens pour u[n] ordinaire composé de onze hommes :*

SAVOIR;

| DÉSIGNATION DES USTENSILES. | | QUANTITÉ. | *OBSERVATIONS.* |
|---|---|---|---|
| FER. de Fonte.... | *Marmite* ...... | .. 1 ... | *De la contenance de onze pots mesure de Paris, avec couvercle de même métal, & anse en fer battu.* |
| FER. Battu...... | *Cuiller-à-pot*.... | .. 1 ... | *Cuilleron de la contenance d'une chopine, & manche de dix-huit pouces de longueur, avec crochet.* |
| FER. *Idem*...... | *Écumoire*....... | .. 1 ... | *Assorti à la cuiller.* |
| FER. ......... | *Chandelier*...... | .. 1 ... | *En fil-de-fer garni de son porte-chandelle à crochet & pied de bois.* |
| BOIS........... | *Boîte à sel*..... | .. 1 ... | *Quarrée, avec couvercle, & de la contenance de trois livres de sel.* |
| GRÈS.......... | *Cruche à l'eau*... | .. 2 ... | *De trois à quatre pots chacune.* |
| FAYENCE....... | *Pot à boire*..... | .. 1 ... | *D'une pinte.* |
| TERRE......... | *Gamelle pour la soupe* | .. 2 ... | *Vernissée.* |
| TERRE......... | *Plat pour la viande*. | .. 1 ... | *Idem.* |
| BOIS........... | *Manche à balai*.. | .. 1 ... | |

*ÉTAT du Prêt pour un jour seulement, & de la dépense d'un ordinaire composé de onze Convalescens, dont la solde est réglée sur le pied de sept sous huit deniers par jour.*

PRÊT.

Onze hommes, pour un jour seulement, à 7s 8d ...... 4l 4s 4d

DÉPENSE,

*Pour subsistance, blanchissage, Frater, chandelle & balai.*

| | | | |
|---|---|---|---|
| Viande, huit livres un quart, à raison de trois quarts de livre par homme, & de cinq sous la livre, ........................ | 2l | 1s | 3d |
| Pain, vingt-deux livres, à raison de deux livres par homme, & d'un sou six deniers la livre, ........................ | 1. | 13. | // |
| Légumes, par jour, ........................ | // | 2. | // |
| Sel, par jour, ........................ | // | 1. | 7. |
| Blanchissage, à raison de trois deniers par homme, .............. | // | 2. | 9. |
| Frater, à *idem*, ........................ | // | 2. | 9. |
| Chandelle & balai, par jour, ........................ | // | 1. | // |
| TOTAL..... | 4. | 4. | 4. |

## *MODÈLE d'un billet d'Entrée à l'Hôpital.*

### BILLET D'ENTRÉE À L'HÔPITAL.

*RÉGIMENT D* | *COMPAGNIE D*

LE nommé dit du Régiment d
Compagnie d natif d juridiction d
est entré cejourd'hui à l'hôpital d ce

*VISITÉ & admis pour entrer cejourd'hui à l'Hôpital en qualité de*
*FAIT à*

*VU & admis par nous sur l'approbation ci-contre au pour entrer à l'Hôpital le*

*VU par nous Contrôleur de l'Hôpital, en exécution des approbations ci-dessus, en date du & enregistré sur nos registres. Ce*

*ENREGISTRÉ par nous Directeur de l'Hôpital sur nos Registres, conformes aux dates ci-dessus, avec distinction des genres de maladies. Ce*

*ÉTAT des armes, équipement & habillemens appartenans au Roi, que le nommé dans le billet ci-contre, a déposé au Magasin a Directeur à son entrée à l'Hôpital.*

*ÉTAT des meubles, effets & argent que le dénomm au billet ci-dessus a déposé dans le Magasin Directeur, à son entrée à l'Hôpital; lesquels effe lui appartiennent en propre.*

LEDIT *Dépôt certifié par nous Directeur, conforme à registres, pour être par nous rendu audit Soldat dans le mê état, à sa sortie de l'Hôpital.*

CERTIFIÉ *par nous Contrôleur, ledit dépôt conforme à no enregistrement. Ce*

## *Modèle du Registre du Médecin.*

| NOMS DES | | DATES DES | | | Nombre de jours à l'Hôpital. | *OBSERVATIONS* SOMMAIRES sur la nature des maladies. |
|---|---|---|---|---|---|---|
| Régimens. | Malades. | Entrées. | Sorties. | Décès. | | |
| | | | | | | |

## *Modèle de deux registres du Chirurgien-major, l'un pour les Blessés, l'autre pour les Vénériens.*

| NOMS DES | | DATES DES | | | Nombre de jours à l'Hôpital. | *OBSERVATIONS* SOMMAIRES sur la nature des maladies. |
|---|---|---|---|---|---|---|
| Régimens. | Malades. | Entrées. | Sorties. | Décès. | | |
| | | | | | | |

## *Modèle du Journal tenu par le Contrôleur pour chaque nature de maladie.*

| NOMS DES | | NOMS DE | | Grades. | DATES DES | | | Nombre de jours à l'Hôpital. |
|---|---|---|---|---|---|---|---|---|
| Régimens. | Compagnies | Famille. | Guerre. | | Entrées. | Sorties. | Décès. | |
| | | | | | | | | |

Nota. *Les Registres & Journaux ci-dessus, seront paraphés à la fin de chaque mois, par les Commissaires des guerres ou Subdélégués chargés de la police des Hôpitaux, en certifiant qu'ils sont conformes aux états de Dépenses arrêtés pour le compte de l'Entrepreneur ou des Administrateurs des Hôpitaux militaires & de charité au compte du Roi.*

HÔPITAL
d

Nombre des Malades

## *Modèle du relevé de la visite des Médecin & Chirurgien-major.*

Propreté des Salles & de l'enceinte de l'Hôpital.

| | | MATIN. | SOIR. |
|---|---|---|---|
| PAIN | Portions | | |
| | Trois-quarts | | |
| | Demi-portions | | |
| | Quarts | | |
| | Soupes | | |
| | Demi-soupes | | |
| *DIÈTES* | | | |
| VIN | Portions | | |
| | Demi-portions | | |
| BIÈRE | Portions | | |
| | Trois-quarts | | |
| | Demi-portions | | |
| | Quarts | | |
| *DIÈTES* | | | |
| RIZ au *Lait* | Portions | | |
| | Demi-portions | | |
| RIZ au *Bouillon gras* | Portions | | |
| | Demi-portions | | |
| RIZ au *Idem maigre* | Portions | | |
| | Demi-portions | | |
| ŒUFS | | | |
| TOTAUX | | | |

*Certifié par nous, Médecin, conforme à nos cahiers de visite.*
*Ce*

*RÉCAPITULATION*
*des alimens pour la journée.*

| | Livres DE PAIN. | Pintes DE VIN. | Pots DE BIÈRE. |
|---|---|---|---|
| Subsistance des Malades pour le du présent mois... | | | |
| Supplément à y ajouter pour la subsistance des Employés subalternes au compte de l'Entrepreneur | | | |

Nota. *Le Chirurgien-major formera chaque jour un pareil état dans la partie qui le concerne ; le Médecin & le Chirurgien remettront tous les matins après leur visite, lesdits états au Contrôleur pour qu'il veille conjointement avec le Sergent de planton, à ce que les quantités & les qualités portées dans ces états soient fidèlement délivrées aux Malades, Blessés & Vénériens.*

*MODÈLE de l'État de mouvement de l'Hôpital, remis chaque jour au Commandant de la Place & au Commissaire des guerres.*

HÔPITAL D

*Quantité de viande à raison du nombre de Malades ci-après, Savoir:*

Fiévreux.............
Blessés...............
Vénériens.............

*PESÉE de la Viande.* Pour Infirmiers....
Pour Domestiques..

*MOUVEMENT DU*

| RESTANS le | ENTRÉS le | SORTIS le | MORTS le | RESTANS le | NOMS des Régimens. | NOMBRE de Malades. |
|---|---|---|---|---|---|---|
| | | | | | | |

*CERTIFIÉ par nous, Directeur de l'Hôpital. Ce*

*VU par nous, Contrôleur de l'Hôpital. Ce*

*MODÈLE des trois Registres distincts, sur lesquels le Directeur inscrira séparément les Malades, Blessés & Vénériens qui seront entrés, sortis, ou morts à l'Hôpital.*

| NOMS DES | | | | LIEUX DES | | DATES DES | | | NOMBRE de jours à l'Hôpital. |
|---|---|---|---|---|---|---|---|---|---|
| Régimens. | Compagnies | Malades. | Grades. | Naissances. | Juridictions. | Entrées. | Sorties. | Décès. | |
| | | | | | | | | | |

Nota. *Les Registres que le Directeur & le Contrôleur tiendront de l'armement, équipement, habillement & autres effets que les Malades, Blessés & Vénériens auront déposés dans le magasin de l'Hôpital, seront tenus sans colonnes ni chiffres, mais en toutes lettres.*

## *MODÈLE des billets de Sortie de l'Hôpital.*

### BILLET DE SORTIE DE L'HÔPITAL.

*RÉGIMENT D* *COMPAGNIE D*

LE nommé dit du régiment d compagnie d natif d juridiction d entré le du mois d 17 à l'Hôpital d en est sorti cejourd'hui du mois d 17

*VU & enregistré par nous pour sortir aujourd'hui de l'Hôpital, étant parfaitement rétabli & en état de joindre son régiment. Ce*

*VU & enregistré par nous pour sortir aujourd'hui de l'Hôpital, en exécution de la décision ci-dessus. Ce*

*VU & enregistré par nous, Contrôleur de l'Hôpital, conformément aux dates des approbations ci-dessus. Ce*

*ENREGISTRÉ par nous, Directeur de l'Hôpital, aujourd'hui conformément aux dates des approbations ci-dessus.*

ÉTAT de l'armement, équipement, habillement & autres effe personnels que le *Soldat, Cavalier ou Dragon,* désigné dans le bill ci-dessus, avoit déposés dans le magasin, à son entrée à l'Hôpital:

*SAVOIR;*

*NOUS, Directeur de l'Hôpital de certifions avoir délivré au sus-nom tous les effets énoncés ci-dessus, & dans le même état que nous les avions reçus de lui, ensu de l'ordre du Contrôleur. Ce*

*NOUS, Contrôleur de l'Hôpital, certifions que tous les Effets énoncés ci-dessus, été délivrés en notre présence au sus-nommé, dont nous avons fait note en marge dans n regiſtre. Ce*

HÔF

*det été traités à l'Hôpital militaire de*
*la présente année, ainsi que de la quantité*
*es.*

;

| COMM DES G | RÉSULTAT. | OBSERVATIONS des Médecin, Chirurgien-major & Apothicaire en chef. |
|---|---|---|
| | portant l'autre ont donné journées. morts, sur sortis. | |
| | portant l'autre ont donné journées. morts, sur sortis. | |
| | portant l'autre ont donné journées. morts, sur sortis. | |
| | | |

*cun en ce qui nous concerne, l'État ci-dessus véritable*

*s Registres. À le*

*e, que le nombre des morts portés en l'État ci-dessus*

*l'État ci-dessus se relate avec les États des mouvemens*
*chaque mois, & qu'il résulte du nombre de Sortis &*
*à l'Hôpital jours, qu'ils ont donné*
*nné un mort sur Que les Vénériens y sont*
*le 17*

HÔPITAL MILITAIRE

de

TRIMESTRE.

178

# ÉTAT sommaire des Fiévreux, Blessés & Vénériens qui ont été traités à l'Hôpital militaire de & qui en sont sortis ou morts, pendant le Trimestre de la présente année, ainsi que de la quantité de Journées que chaque genre de Maladies a occasionnées.

SAVOIR;

| NOMS DES | | | | GENRE de MALADIES. | QUANTITÉ DES | | NOMBRE DES JOURNÉES | | TOTAL des JOURNÉES. | RÉSULTAT. | OBSERVATIONS des Médecin, Chirurgien-major & Apothicaire en chef. |
|---|---|---|---|---|---|---|---|---|---|---|---|
| COMMISSAIRE DES GUERRES. | MÉDECINS. | CHIRURGIEN-MAJOR. | APOTHICAIRE EN CHEF. | | SORTIS. | MORTS. | DE MALADES. | EMPLOYÉS SERVANS. | | | |
| | | | | FIÉVREUX. | | | | | | L'un portant l'autre ont donné journées, & morts, sur sortis. | |
| | | | | BLESSÉS.. | | | | | | L'un portant l'autre ont donné journées, & morts, sur sortis. | |
| | | | | VÉNÉRIENS.. | | | | | | L'un portant l'autre ont donné journées, & morts, sur sortis. | |
| | | | | | | | | | | | |

NOUS soussignés Médecin & Chirurgien-major de l'Hôpital militaire de certifions, chacun en ce qui nous concerne, l'État ci-dessus véritable & conforme à nos Registres. À le

NOUS Directeur de l'Hôpital militaire de certifions l'État ci-dessus véritable & conforme à nos Registres. À le

NOUS Aumônier de l'Hôpital militaire de certifions, conformément à notre Registre mortuaire, que le nombre des morts portés en l'État ci-dessus est véritable. À le

NOUS Commissaire des guerres, chargé de la police de l'Hôpital militaire de certifions que l'État ci-dessus se relate avec les États des mouvemens journaliers qui nous ont été remis, & avec les États de dépenses que nous avons arrêtés à l'Entrepreneur pour chaque mois, & qu'il résulte du nombre de Sortis & de Morts, & de la quantité des Journées de malades ci-dessus, que les Fiévreux ont demeuré l'un portant l'autre à l'Hôpital jours, qu'ils ont donné un mort sur Que les Blessés y ont séjourné l'un portant l'autre pendant jours, qu'ils ont donné un mort sur Que les Vénériens y sont restés l'un portant l'autre pendant jours, & qu'il en est mort un sur FAIT à le 17

SEM... de 17... té au compte du Roi.

| Hôpitaux au compte du Roi | UATION du Traitement que chaque genre de Maladie a coûté au ... en dépense de Journées seulement, y compris celles des Employés ...ns, déduction faite de la solde des Malades dans les Hôpitaux ...aires & de Charité au compte du Roi. |
|---|---|
| MILITAIRES. | Journées de Fiévreux & Employés, montent à qui réparties sur Fiévreux, font revenir le traitement de chacun à<br>Journées de Blessés & Employés, montent à qui réparties sur Blessés, font revenir le traitement de chacun à<br>Journées de Vénériens & Employés, montent à qui réparties sur Vénériens, font revenir le traitement de chacun à |
| DE CHARITÉ. | Journées de Fiévreux & Employés, montent à qui réparties sur Fiévreux, font revenir le traitement de chacun à<br>Journées de Blessés & Employés, montent à qui réparties sur Blessés, font revenir le traitement de chacun à<br>Journées de Vénériens & Employés, montent à qui réparties sur Vénériens, font revenir le traitement de chacun à |

| TOTAL de la ...PENSE DES JOURNÉES. |
|---|
| |
| |

SEMESTRE de 178

# RÉSUMÉ GÉNÉRAL des Hôpitaux Militaires & de Charité au compte du Roi.

| Hôpitaux au compte du Roi. | GENRE de MALADIES. | NOMBRE DE | | QUANTITÉ DE JOURNÉES | | MONTANT des JOURNÉES, à la journée. | RÉSULTAT du nombre de Jours que chaque Fiévreux, Blessés & Vénériens ont demeuré à l'Hôpital. | ÉVALUATION du Traitement que chaque genre de Maladie a coûté au Roi, en dépense de Journées seulement, y compris celles des Employés servans, déduction faite de la solde des Malades dans les Hôpitaux Militaires & de Charité au compte du Roi. |
|---|---|---|---|---|---|---|---|---|
| | | MORTS. | SORTIS. | de MALADES. | EMPLOYÉS servans. | | | |
| MILITAIRES. | FIÉVREUX... | | | | | | L'un portant l'autre ont donné j.ées & un mort sur fortis. | Journées de Fiévreux & Employés, montent à qui réparties sur Fiévreux, font revenir le traitement de chacun à |
| | BLESSÉS.... | | | | | | L'un portant l'autre ont donné j.ées & un mort sur fortis. | Journées de Blessés & Employés, montent à qui réparties sur Blessés, font revenir le traitement de chacun à |
| | VÉNÉRIENS.. | | | | | | L'un portant l'autre ont donné j.ées & un mort sur fortis. | Journées de Vénériens & Employés, montent à qui réparties sur Vénériens, font revenir le traitement de chacun à |
| | TOTAL... | | | | | | | |
| DE CHARITÉ. | FIÉVREUX... | | | | | | L'un portant l'autre ont donné j.ées & un mort sur fortis. | Journées de Fiévreux & Employés, montent à qui réparties sur Fiévreux, font revenir le traitement de chacun à |
| | BLESSÉS.... | | | | | | L'un portant l'autre ont donné j.ées & un mort sur fortis. | Journées de Blessés & Employés, montent à qui réparties sur Blessés, font revenir le traitement de chacun à |
| | VÉNÉRIENS.. | | | | | | L'un portant l'autre ont donné j.ées & un mort sur fortis. | Journées de Vénériens & Employés, montent à qui réparties sur Vénériens, font revenir le traitement de chacun à |
| | TOTAL... | | | | | | | |

## RÉSULTAT GÉNÉRAL.

| GENRE de MALADIES. | NOMBRE de MALADES. | MORTS dans chaque genre DE MALADIES. | DÉPENSES DU TRAITEMENT de chacun. | TOTAL de la DÉPENSE DES JOURNÉES. |
|---|---|---|---|---|
| FIÉVREUX.... | | | | |
| BLESSÉS..... | | | | |
| VÉNÉRIENS... | | | | |
| TOTAL... | | | | |

*a Généralité d fournis par les la Police ; du nombre des Fiévreux, Blessés t donné.*

| SULTAT. | EXTRAIT DES OBSERVATIONS *de M.rs les Médecins & Chirurgiens-majors.* |
|---|---|
| nné journées & un mort sur sortis. | |

OBSERVATIONS *de M.rs les Commis*

*Vu & vérifié par nous Commis*
*par les Commissaires des guerr*
*Fait à*

GÉNÉRALITÉ
D

HÔPITAUX MILITAIRES.

TRIMESTRE d 178

# RELEVÉ GÉNÉRAL des États des Hôpitaux Militaires de la Généralité d fournis par les Médecins, Chirurgiens-majors & Commissaires des guerres chargés de la Police; du nombre des Fiévreux, Blessés & Vénériens sortis & morts, & de la quantité de Journées qu'ils ont donné.

SAVOIR:

| RÉSIDENCES des Commissaires. | NOMS DES HÔPITAUX. | COMMISSAIRES DES GUERRES. | MÉDECINS. | CHIRURGIENS-MAJORS. | APOTHICAIRES EN CHEF. | NATURE des Maladies. | NOMBRE DE Sortis. | Morts. | QUANTITÉ DE JOURNÉES de Malades. | RÉSULTAT. | EXTRAIT DES OBSERVATIONS de Mrs les Médecins & Chirurgiens-majors. |
|---|---|---|---|---|---|---|---|---|---|---|---|
| | | | | | | Fiévreux... | | | | L'un portant l'autre ont donné journées & un mort sur sortis. | |
| | | | | | | Blessés... | | | | Idem. | |
| | | | | | | Vénériens... | | | | Idem. | |
| | | | | | | Fiévreux... | | | | L'un portant l'autre ont donné journées & un mort sur sortis. | |
| | | | | | | Blessés... | | | | Idem. | |
| | | | | | | Vénériens... | | | | Idem. | |
| | | | | | | Fiévreux... | | | | L'un portant l'autre ont donné journées & un mort sur sortis. | |
| | | | | | | Blessés... | | | | Idem. | |
| | | | | | | Vénériens... | | | | Idem. | |
| | | | | | | Fiévreux... | | | | L'un portant l'autre ont donné journées & un mort sur sortis. | |
| | | | | | | Blessés... | | | | Idem. | |
| | | | | | | Vénériens... | | | | Idem. | |
| | | | | | | Fiévreux... | | | | L'un portant l'autre ont donné journées & un mort sur sortis. | |
| | | | | | | Blessés... | | | | Idem. | |
| | | | | | | Vénériens... | | | | Idem. | |
| | | | | | | Fiévreux... | | | | L'un portant l'autre ont donné journées & un mort sur sortis. | |
| | | | | | | Blessés... | | | | Idem. | |
| | | | | | | Vénériens... | | | | Idem. | |
| | | | | | | Fiévreux... | | | | L'un portant l'autre ont donné journées & un mort sur sortis. | |
| | | | | | | Blessés... | | | | Idem. | |
| | | | | | | Vénériens... | | | | Idem. | |
| | | | | | | Fiévreux... | | | | L'un portant l'autre ont donné journées & un mort sur sortis. | |
| | | | | | | Blessés... | | | | Idem. | |
| | | | | | | Vénériens... | | | | Idem. | |
| | | | | | | Fiévreux... | | | | L'un portant l'autre ont donné journées & un mort sur sortis. | |
| | | | | | | Blessés... | | | | Idem. | |
| | | | | | | Vénériens... | | | | Idem. | |
| | | | | | | Fiévreux... | | | | L'un portant l'autre ont donné journées & un mort sur sortis. | |
| | | | | | | Blessés... | | | | Idem. | |
| | | | | | | Vénériens... | | | | Idem. | |
| TOTAUX........... | | | | | | | | | | | |

# RÉSULTAT DE L'ENSEMBLE DES HÔPITAUX DE LA GÉNÉRALITÉ.

| GENRES de MALADIES. | SORTIS. | MORTS. | QUANTITÉ de JOURNÉES DE MALADES. | |
|---|---|---|---|---|
| BLESSÉS..... | | | | Les Fiévreux ont donné à l'Hôpital, jours & un mort sur |
| FIÉVREUX..... | | | | Les Blessés, *idem.* jours & un mort sur |
| VÉNÉRIENS.... | | | | Les Vénériens, *idem.* jours & un mort sur |
| TOTAL... | | | | |

RAPPORT des Observations de M.rs les Commissaires chargés de la Police.

*OBSERVATIONS de M.rs les Commissaires-ordonnateurs ou Principaux.*

*VU & vérifié par nous Commissaire-ordonnateur des guerres, le Relevé général ci-contre, conforme aux états particuliers fournis par les Commissaires des guerres, chargés de la police desdits Hôpitaux Militaires dans cette Généralité.*

*FAIT à ce 178*

A GÉNÉRALITÉ.

jours & un mort ſur

jours & un mort ſur

jours & un mort ſur

# ANNÉE 178  ÉTAT général des Dépenses des Hôpitaux du Royaume, & des Pertes que le Roi a faites en hommes, tant dans lesdits Hôpitaux que dans les Régimens, sur la totalité de ses Troupes.

*MAISON du Roi exceptée.*

| TOTAL des Troupes du Roi, portées au complet. | GENRE de MALADIES. | NOMBRE D'HOMMES SORTIS. | MORTS. | QUANTITÉ de Journées DE MALADES. | RÉSULTAT du nombre de Jours que chaque Fiévreux, Blessé & Vénérien ont demeuré à l'Hôpital. | |
|---|---|---|---|---|---|---|
| | | | | | | Nombre de Lits.. |
| | | | | | | Draps de lits.... |
| | | | | | | Chemises....... |
| | FIÉVREUX.... | | | | L'un portant l'autre ont donné journées & un mort sur sortis. | Bonnets....... |
| | BLESSÉS.... | | | | L'un portant l'autre ont donné journées & un mort sur sortis. | Coiffes de bonnets. |
| | VÉNÉRIENS.. | | | | L'un portant l'autre ont donné journées & un mort sur sortis. | Capotes....... |
| | | | | | | Draps à pansement. |
| | TOTAL.... | | | | | Charpie....... |

## MASSES DES DÉPENSES DES HÔPITAUX.

JOURNÉES de Malades à la journée, montent à la somme de
SORTIES, à six sous l'une, à celle de
MORTS, à deux livres par sépulture, à celle de
JOURNÉES d'Employés servans, suivant les proportions, à celle de

APPOINTEMENS & LOGEMENS des Officiers de santé, & autres Employés au compte du Roi, suivant les États fournis par les Commissaires-ordonnateurs, montent à celle de

DÉPENSES pour les Bâtimens, montent à

DÉPENSES extraordinaires, à

## RÉPARTITION SUR LE NOMBRE DE JOURNÉES DE MALADES.

L'UNIVERSALITÉ des Dépenses des Hôpitaux, répartie sur la totalité des journées de Malades, fait revenir la journée à d'où il résulte que le traitement de chaque Fiévreux, par le nombre de jours qu'il a demeuré à l'Hôpital, coûte au Roi la somme de

Celui de chaque Blessé, celle de

Et celui de chaque Vénérien, celle de

## PERTES EN HOMMES DANS LES HÔPITAUX, SUR LA TOTALITÉ DES TROUPES.

SA MAJESTÉ a perdu
- sur les Fiévreux morts pendant l'année hommes, ce qui revient à un sur ci
- sur les Blessés, *idem* hommes, ce qui revient à un sur ci
- sur les Vénériens, *idem* hommes, ce qui revient à un sur ci
- sur les Incurables renvoyés des Hôpitaux hommes, ce qui revient à un sur ci

## PERTES EN HOMMES DANS LES RÉGIMENS, *suivant les États fournis par les Conseils d'administration, & vérifiés par les Commissaires des guerres chargés de la Police.*

Déserteurs Galériens,
Déserteurs contumacés,

Congés d'infirmité,
Congés de grâce,
Congés absolus,

Soldats passés aux Invalides,
Bas Officiers faits Officiers,

TOTAL DES HOMMES à remplacer

Ce qui revient sur la totalité des Troupes à un homme sur

www.ingramcontent.com/pod-product-compliance
Lightning Source LLC
LaVergne TN
LVHW020022170826
845678LV00001B/91

* 9 7 8 2 3 2 9 7 7 2 7 7 6 *